1930,
경성 설렁탕

마음으로 읽는 역사동화
1930, 경성 설렁탕

초판 1쇄 발행 | 2018년 9월 15일
초판 6쇄 발행 | 2024년 8월 10일

글 | 조은경   그림 | 김수연
펴냄 | 박진영
편집 | 김가람
디자인 | 새와나무
마케팅 | 이진경
펴낸곳 | 머스트비
등록 | 2012년 9월 6일 제406-2012-000154호
주소 | 경기도 파주시 심학산로 12 303호
전화 | 031-902-0091   팩스 | 031-902-0920
이메일 | mustb0091@naver.com

ISBN 979-11-6034-068-6   73810
© 2018 글 조은경, 그림 김수연

이 도서의 국립중앙도서관 출판시도서목록(CIP)는 서지정보유통지원시스템 홈페이지(http://seoji.nl.go.kr)와
국가자료공동목록시스템(http://www.nl.go.kr/kolisnet)에서 이용하실 수 있습니다.(CIP제어번호:CIP2018023507)

품명: 1930, 경성 설렁탕 | 제조자명: 머스트비 | 주소: 경기도 파주시 심학산로 12 303호
연락처: 031-902-0091 | 제조년월: 2018년 9월 | 제조국: 대한민국 | 사용연령: 10세 이상
취급상 주의사항 | 종이에 베이지 않도록 주의하세요. 책의 모서리가 날카로우니 던지거나 떨어뜨려 다치지 않도록 주의하세요.
KC마크는 이 제품이 공통안전기준에 적합하였음을 의미합니다.

마음으로 읽는 역사동화

1930,
경성 설렁탕

조은경 글 · 김수연 그림

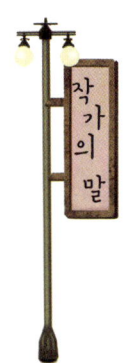

작가의 말

　가끔 어린이 친구들을 만나면 역사가 어렵다는 말을 많이 해요. 시간을 거슬러 올라 다른 세상을 알아 가는 일은 낯설고 힘든 일이지요. 지금 내가 서 있는 곳에서 일어난 일인데도 말이에요.
　저는 어린이들에게 낯설지 않은 역사 이야기를 써 보고 싶었어요. 역사책을 찾아 읽다가 익숙한 단어 몇 개가 눈에 들어왔어요. 경성, 설렁탕, 배달 그리고 백정. 그래서 그 시절 속으로 들어가 보고 싶었어요. 바로 1930년대 일제 강점기로요.
　이 이야기는 '익숙함'에서부터 시작되었어요.
　우리는 낯선 것보다 익숙한 걸 좋아해요. 친구, 선생님, 학교, 학원, 공부처럼 우리 주변에 있는 것들에 익숙해지면 편안하고, 맡은 일도 더 잘할 수 있어요. 그런데 익숙하다는 것이 좋기만 할까요? 잘못된 것에 익숙해지면 어떻게 될까요?
　한국 사람치고 설렁탕을 모르거나 싫어하는 사람은 없을 거예요. 추운 날은 물론 아주 더운 날에도 설렁탕을 먹고 나면 배가 든든해지고 힘도 나지요. 그 설렁탕이 일제 강점기에 생겨났고, 배달도 되었다고 해요. 지금의 자장면이나 치킨처럼요.
　이 책의 주인공 우양이는 바로 설렁탕 집 아들이었어요. 하지만 우양이는 설렁탕 집 아들인 것도 싫었고, 경성도 싫었어요. 자기를 모르는 다른 세상으로 떠나고 싶었답니다. 사람들이 우양이를 백정의 자식이라며 무시하고 괴롭혔기 때문이에요.
　백정은 소나 돼지 같은 가축을 잡는 사람을 말해요. 조선 시대 사람들은 백정을 사람이 아닌 소, 돼지 취급했어요. 고기가 먹고 싶으면 백정을 찾아가 소를 잡으면서도 백정과 함께 살면 큰일 나는 줄 알았지요.

　세월이 흘러 신분 제도가 없어졌는데도 사람들은 여전히 백정을 무시했어요. 백정 자식들과 같은 학교에 보내는 것조차 끔찍하게 여겼어요. 조선 사람들은 백정과 함께 사는 것보다 무시하는 것에 더 익숙했던 거예요.

　우양이가 살던 1930년대 경성에도 지금의 서울처럼 자동차와 도로, 백화점과 은행, 카페와 레스토랑이 있었어요. 일본은 경성을 화려하게 만들어 마치 조선이 잘 사는 것처럼 보이게 했어요. 일본 덕분에 조선이 발전한 것처럼 느껴지게 말이에요.

　화려해진 경성에 살면서 자신이 조선인임을 잊는 사람들이 많아졌어요. 처음에는 일본에 저항했던 조선인들도 몇십 년의 세월이 흐르자 일본이 시키는 대로 하며 협력했어요. 일본이 조선을 다스리는 데 익숙해졌기 때문에 저항하기보다 같이 사는 쪽을 택한 거예요.

　슬픈 일이지만 이 책 속 우양이와 창주, 동규도 그런 세상이 이상하지 않았어요. 일본이 지배하는 세상에서 나고 자랐으니까요. 그래서 이 아이들은 일본을 미워하기보다는 같은 조선 사람들끼리 무시하고, 괴롭혔는지도 몰라요.

　당연하고 익숙한 것에서 깨어나자 우양이는 드디어 세상이 제대로 보였어요. 자기 상처에만 갇혀 있던 우양이가 사회에 눈을 뜨게 되고, 그러면서 소중한 것이 무엇인지 알게 되지요.

　역사는 과거에서 멈춰 버린 사건이 아니에요. 우리가 매일 아침 눈을 떠 새날을 맞이하듯 지금 이 순간에도 역사는 만들어지고 있어요. 바로 여러분들이 만드는 거지요.

　제 글을 책으로 만들어 주신 머스트비 출판사 식구들과 예쁜 그림을 그려 주신 김수연님 감사합니다. 생각의 씨앗이 싹을 틔우고 자랄 수 있도록 같이 물을 준 어린이책 작가 교실 글동무들에게도 많이 감사드려요. 그리고 오늘 우리를 있게 한 세상의 모든 부모님들께 감사드립니다.

2018년, 조은경

차 례

작가의 말 · 6
등장인물 · 10

1. 배달 · 13
2. 단발머리 여학생 · 25
3. 세상은 불공평해 · 35
4. 다시 만난 단발머리 여학생 · 51
5. 설렁탕이 맛있다고? · 60
6. 창주의 진심 · 74

7. 쇠머리 스프 · 88

8. 레이카 만나지 마! · 99

9. 미국에서 공부할래? · 113

10. 신당리 토막촌 · 121

11. 아버지가 잡혀갔어 · 131

12. 아버지를 구해야 해 · 140

13. 소처럼 살고 싶어 · 149

1930, 경성 이야기 · 165

등장인물

우양
백정의 아들이라는 이유로 동규 패거리에게 수모를 당하면서도 꿋꿋이 학교에 다닌다. 설렁탕을 좋아하지 않지만 바쁜 가게 배달 일을 돕는 착한 성품을 지녔다. 우연히 설렁탕을 먹으러 온 레이카를 좋아하게 되고, 점점 설렁탕의 진가를 깨달으며 꿈을 키워 나간다.

레이카
경성 설렁탕에 손님으로 온 단발머리 여학생. 언제나 우양이에게 친절하고 상냥하게 대한다. 설렁탕이 맛있고 영양가 있는 음식이라고 칭찬해 주어, 설렁탕을 싫어했던 우양이에게 자신감을 심어 준다.

동규
부잣집 아들로, 우양이를 천한 백정의 자식이라고 무시하며 못살게 군다. 자신보다 우양이가 레이카와 더 친해 보이자 질투하며 더욱 끈질기게 괴롭힌다.

창주
경성 설렁탕에서 배달 일을 비롯한 잡일을 하며, 우양이와 친형제처럼 친해진다. 가난한 처지에도 긍정적이고 넉살이 좋다. 언젠가 자신이 끓인 설렁탕을 경성을 넘어 만주까지 알리겠다는 포부를 지녔다.

우양이 아버지
백정 출신으로, 경성 설렁탕을 운영하며 형평사 경성지부에서 일한다. 소를 잡아 설렁탕을 끓여 내는 일에 자부심을 가지고 있다. 우양이를 끔찍이 생각하며, 우양이를 괴롭히는 동규와 동규 아버지에게 맞서다가 감옥에 갇히고 만다.

우양이 삼촌
일본에서 유학까지 한 지식인이지만, 백정이라는 태생적 한계 때문에 실업자가 된 이후 계속 방황한다. 우양이 아버지가 감옥에 잡혀 들어간 뒤, 경성 설렁탕 가게 일을 맡아 한다.

춘길
예전에 경성 설렁탕에서 일을 했던 까닭에 우양이가 친형처럼 따르는 인물. 가난하든 부자든 조선 사람 모두 잘 사는 세상을 꿈꾸며, 야학에서 아이들을 가르친다.

동규 아버지
뼈대 있는 양반 가문에서 태어났지만, 자신의 이익을 위해 총독부에서 일하는 레이카 아버지에게 굽신거린다. 백정의 아들인 우양이가 동규와 같은 학교에 다니는 것을 알고는 깡패들을 동원해 경성 설렁탕을 뒤엎는다.

주방 아저씨
경성 설렁탕에서 소뼈를 씻는 것부터 시작해 설렁탕을 맛있게 끓여 내는 일을 맡고 있다. 선하고 성실하며 설렁탕에 대한 애정이 남다르다. 우양이 아버지가 감옥에 잡혀가자 삼촌과 함께 가게 일을 열심히 돕는다.

1. 배달

 네모난 천장이 오늘따라 유난히 하얬다. 우양이는 방바닥에 등을 대고 천장을 바라보았다. 천장은 커다란 영화 스크린 같았다. 그곳에 머릿속에 맴도는 얼굴을 그려 보고 싶었다. 하지만 얼굴은 그려질 듯 그려지지 않았다.
 며칠 전 가게에 온 단발머리 여학생. 여학생은 김이 모락모락 나는 설렁탕 뚝배기를 신기하다는 듯이 쳐다보았다. 국물에 파를 넣을 때는 재미나다는 얼굴로 밝게 웃었다. 이상하게도 우양이는 그 웃음이 잊히지 않았다.
 열린 창문으로 설렁탕 누린내가 솔솔 들어왔다. 우양이는 얼굴을 찌푸리며 일어났다. 창문을 닫으려는 순간, 밖에서 주방 아저씨의 목소리가 들렸다.

"우양이 학생. 학교 갔다 왔지? 방에 있으면 좀 나와 봐."

방문을 열고 마루로 나왔다. 주방 아저씨는 미안한지 살짝 웃으며 말했다.

"우양이 학생. 배달 좀 갔다 와라."

"창주는요?"

"배달 갔지. 요즘 부쩍 배달 전화가 많네."

"……."

"주문받은 지가 좀 됐는데 창주가 안 와서 그래. 하나만 해 줘라."

주방 아저씨가 조르듯 말했다.

"알았어요. 다녀올게요."

"저 뒷골목 가게는 배달꾼이 다섯이나 된다던데……."

누가 듣거나 말거나 주방 아저씨는 혼자 중얼거리며 계단을 내려갔다. 우양이도 뒤따라 일층으로 갔다.

식당으로 들어가자 설렁탕과 김치 냄새가 먼저 우양이를 반겼다. 손님들 몇몇이 탁자에 앉아 밥을 먹고 있었다. 그 사이를 지나 우양이는 뒷마당으로 나갔다. 주방 아저씨는 어느새 배달 그릇을 목판에 담아 놓았다. 우양이는 한 손에 목판을 들고, 다른 한 손으로는 자전거를 밀며 골목으로 나갔다.

"조심해서 다녀오너라."

주방 아저씨의 인사를 뒤로하고 우양이는 서서히 자전거 페달을 밟았다. 오랜만에 밟아 보는 페달이었다. 자전거는 방향을 잡지 못하고 비뚤거리더니, 우양이가 허벅지에 힘을 주어 페달을 누르자 스르르 앞으로 나아갔다. 우양이는 금세 골목을 빠져나와 종로 거리로 나섰다.

여름이 다가오고 있었지만 바람은 상쾌했다. 종로 거리에는 사람도 자전거도 많았다. 요즘 들어 부쩍 많아진 자전거들이 마치 자기 세상인 양 거리를 누비고 다녔다. 주로 설렁탕과 냉면 배달 자전거들이었다. 배달 자전거들은 바람처럼 휙휙 달렸다. 찌르릉, 냉면 배달 자전거가 벨을 울리며 우양이 옆으로 쌩 지나갔다. 우양이도 뒤질세라 속도를 냈다.

언제부턴가 진고개에 있던 레스토랑, 모자점, 카페 같은 일본 가게들이 종로에도 생겨났다. 일본 가게들은 허름한 조선 가게들을 하나둘 몰아내고 그 자리를 차지했다. 우양이는 일본어로 된 간판 앞을 지나며 자전거를 오른쪽으로 몰았다.

길 끝에 있는 카페 목련에서 문이 열리더니 신사복을 입은 남자가 밖으로 나왔다. 남자는 술에 취해 비틀거리며 손에 든 모자를 썼다. 뒤따라 나온 젊은 여자가 팔짱을 끼자 남자는 뭐가 좋은지 껄껄 웃었다. 하늘하늘한 분홍색 원피스를 입은 젊은 여자도 남자를 보며 환하게 웃었

다. 웃고 있는 여자 입술이 유난히 빨갰다.

 남자는 최신식 양복을 쭉 빼입은 멋쟁이였다. 그 멋쟁이는 바로 우양이의 삼촌이었다. 삼촌은 빨간 입술 여자의 어깨를 감싸 안고 비틀거리며 걸었다. 삼촌을 보자 우양이 얼굴이 확 달아올랐다. 우양이는 자전거를 멈추고 그대로 있

었다. 뒤이어 카페에서 기모노를 입은 남자가 나왔다. 남자는 우양이 삼촌을 크게 부르며 뒤따라갔다. 세 사람은 길에 서서 잠시 이야기하더니 다시 걷기 시작했다.

삼촌을 피하고 싶었다. 그러려면 찻길을 건너가는 게 나을 것 같았다. 우양이는 도로 가까이에 서 있다 자동차와 전차가 지나가자마자 얼른 자전거 페달을 밟았다. 달려오는 인력거까지 아슬아슬하게 피해 맞은편 길로 들어섰다.

거리에 비친 햇살은 금세 힘을 잃어 가고 있었다. 지는 햇살 아래에서도 종로 거리는 아주 활기찼다. 화신 백화점 앞으로 배재 학당 교복을 입은 남학생들이 몰려오고 있었다. 남학생들은 모자를 던지며 앞서거니 뒤서거니 장난을 치면서 걸었다. 우양이는 교복 입은 학생들이 부러웠다.

'나도 상급 학교 교복을 입을 수 있을까?'

다시 생각해 보아도 우양이는 영 자신이 없었다.

모퉁이를 돌아 골목 안으로 들어서자 아이들이 무리 지어 있었다. 우양이는 아이들과 부딪칠까 속도를 늦췄다. 그런데 아이들 속에서 동규 얼굴이 보였다. 놀란 우양이는 얼른 자전거를 구석으로 몰며 골목을 빠져나가려 했다. 하지만 언제 왔는지 동규가 우양이 앞에 떡하니 서 있었다.

우양이는 자전거 손잡이를 반대쪽으로 돌렸다. 하지만 동규 패거리인 상기와 인수를 비롯한 몇몇 아이들이 이미 우양이를 빙 둘러싸고 있었다. 상기가 웃으며 우양이 앞으로 나서자 패거리들은 맛난 먹잇감을 만난 승냥이처럼 낄낄거리며 뒤따랐다. 우양이는 한 마리의 작은 토끼였다.

"비켜 줘. 가야 해."

우양이가 말했다.

"흐흐. 여물통 메고 배달 가나 봐."

동규는 웃음을 흘리며 우양이에게 다가왔다.

"비, 비키라고."

우양이는 큰소리로 화를 내고 싶었지만 입 밖으로 나온 말은 고작 이것뿐이었다.

"책가방보다 여물통이 잘 어울리는데. 그지? 애들아."

동규가 패거리들에게 외쳤다. 그러자 상기와 인수가 걸어와 목판에 코를 댔다.

"우웩, 냄새!"

상기가 인상을 쓰며 말하자 패거리들도 냄새를 맡겠다며 몰려들었다. 패거리들이 몰려드는 통에 우양이 몸이 마구 흔들렸다. 우양이는 몸에 힘을 꽉 주고 자전거를 붙잡았다.

"여물통 메고 배달이나 다닐 것이지, 백정 주제에 무슨 학교냐."

동규가 비웃으며 말했다. 백정이라는 말에 우양이는 얼굴이 달아올랐다. 말없이 동규를 노려보았다. 동규는 느물느물 웃으며 우양이 앞으로 얼굴을 들이밀었다.

"그렇게 발끈해야 재밌지. 안 그래, 음매? 얘들아, 우리 인사가 늦었다. 음매-"

동규가 외치자 상기가 바로 받아 "음매-" 하고 소리쳤다. 그러자 뒤에 있던 패거리들도 낄낄대며 따라했다. "음매음매-" 패거리들은 합창이라도 하듯 숨을 맞춰 외쳐댔다. 음매 소리가 골목에 울리자 우양이는 피가 거꾸로 솟는 것 같았다. 하지만 화를 꾹 참아 눌렀다. 화를 내면 동규가 더 좋아할 게 뻔했다. 빨리 골목을 빠져나가는 게 상책이었다. 우양이가 자전거 페달에 발을 올리자 동규가 더 크게 소리 질렀다.

"음매 하라니까!"

우양이는 동규를 무시하고 페달을 꾹 눌렀다. 순간 동규가 우양이를 팍 밀쳤고, 자전거가 옆으로 미끄러지면서 우양이도 같이 넘어졌다. 떼구루루, 길바닥에 주전자 뚜껑이

굴러갔다. 엎어진 주전자에서 설렁탕 국물이 흘러내렸고, 그릇도 깨져 버렸다.

"그러게 순순히 인사했으면 좋았잖아. 고집은 왜 부려? 소는 사람이 시키는 대로 하는 거야."

 동규는 바닥에 넘어진 우양이를 내려다보며 말했다. 그러더니 아무 일도 없었다는 듯이 패거리들과 떠들며 떠나갔다. 패거리들 웃음소리가 골목에 울렸다. 그 웃음소리가 날카로운 창처럼 우양이를 마구 찔러 댔다. 우양이는 창에 찔린 채 그대로 앉아 있었다.

 "어머, 이게 뭐야. 더럽게."

 짜증 섞인 말소리였다. 지나가던 아가씨가 인상을 쓰며 음식물이 구두에 묻을까 까치발로 피해 갔다.

 길바닥에는 설렁탕 국물이 저만치 흘러가고 있었고, 밥과 김치도 나뒹굴었다. 그걸 보자 우양이 자신이 발가벗겨진 채로 길바닥에 나뒹구는 것 같았다. 창피했다. 우양이는 바닥에 널브러진 그릇과 음식을 마구 주워 담았다. 그러고는 넘어진 자전거를 일으켜 터덜터덜 골목을 빠져나왔다.

 다시 종로 거리로 돌아왔다. 화려한 일본 가게 앞을 천천히 걸었다. 과자 가게는 달콤한 냄새로 사람들 발목을 잡았고, 시계 가게 진열장에 누워 있는 시계는 금을 발라 놓은 듯 번쩍거렸다. 양복 가게 마네킹은 신사처럼 조끼에 재킷을 입고 있었다.

'어쩜 내가 진열장 안에 있는 저 물건들보다 못한 존재일지도 몰라. 저 물건들도 사람들의 따뜻한 눈길을 받으며 저리 있는데.'

우양이는 절로 한숨이 나왔다.

조선 사람들은 백정과 같은 학교에 다니는 걸 수치스럽게 여겼다. 학부모들은 학교에 찾아와 백정 아이들을 내보내라고 항의하기 일쑤였다. 그러자 아이들도 덩달아 백정 아이들을 괴롭혔다.

우양이네 학교도 마찬가지였다. 동규 때문에 백정 아이들이 하나둘 학교를 그만두었고, 결국 우양이만 남았다. 그러자 동규 패거리들은 우양이를 더 심하게 괴롭혔고, 우양이는 점점 지쳐 갔다. 그렇다고 학교를 그만둘 수는 없었다. 상급 학교에, 그다음에는 좋은 대학에 가고 싶었다. 하지만 우양이에게 그런 바람은 점점 오르기 힘든 높은 산처럼 느껴졌다. 이젠 보통학교를 무사히 졸업할 수 있을지도 알 수 없었다. 우양이는 한숨만 내쉬었다.

찌르릉찌르릉.

뒤에서 자전거 벨 소리가 계속 났다. 자전거는 우양이 옆을 휙 지나더니 앞에서 끼익 멈췄다.

"여기서 뭐하는 거여? 배달 안 온다고 난리였어."

창주였다. 창주는 설렁탕 목판을 들고 있었다.

"내가 대신 가니까 어여 가게 들어가. 사장님이 너 안 온다고 걱정하셔."

창주가 말을 툭 던지고 다시 자전거 페달을 밟았다. 잠깐 사이에 창주는 저만치 달려가고 있었다. 사라져 가는 창주를 뒤로하고 우양이는 다시 걷기 시작했다. 아버지가 걱정한다는 말에 마음도 발걸음도 무거웠다.

단발머리 여학생

 해가 꼬리를 감추고 어둠이 내리자, 좁은 골목을 따라 옹기종기 모여 있는 선술집과 국밥집에 하나둘 전등이 켜졌다. 골목에는 밥 냄새와 술 냄새가 진동했고, 왁자지껄 사람들 떠드는 소리로 가득했다. 우양이는 좁은 골목으로 들어섰다. 음식 냄새에 배가 비었다고 아우성쳤지만 우양이는 더럽고 초라해 보이는 이 골목이 오늘따라 유난히 싫었다.

 골목을 따라 걸어 들어가자 멀리 이층집 지붕이 보였다. 지붕 꼭대기에 매달린 커다란 나무 간판에는 '경성 설렁탕'이라고 쓰여 있었다. 간판은 햇볕과 바람에 색이 많이 바래져 있었지만 나무 판을 파서 쓴 궁서체 글씨는 그대로였다. 검은색 글씨는 날아갈 듯 아주 힘차 보였다.

경성 설렁탕 건물은 벽돌로 지은 이층집이었다. 건물 몸체는 서양식이었지만, 대문과 지붕은 조선식이었다. 활짝 열려 있는 나무 대문 안으로 미닫이문이 있었고, 미닫이문을 밀고 들어가면 우양이네 식당이었다.

가게 미닫이문이 열리며 남자들 몇이 밖으로 나왔다. 남자들은 문 앞에 서서 잡담을 했다. 뒤이어 남자들이 더 나왔다. 모두 형평사 사람들이었다. 그 가운데 우양이가 아는 얼굴도 있었다. 우양이는 아저씨들에게 웃으며 인사할 기분이 아니었다. 뒤를 돌아 다시 골목을 빠져나갈까 생각한 순간, 김 씨 아저씨와 눈이 딱 마주쳤다. 하는 수 없이 앞으로 다가갔다.

"안녕하세요?"

"우양이 많이 컸구마. 근데 니 무슨 일 있나? 얼굴이 영 아이다."

환하게 웃던 김 씨 아저씨 얼굴에 걱정이 어렸다.

"배달 가다 넘어졌어요."

"조심해라. 자전거가 신난다꼬 마구 달리면 안 된데이."

우양이는 다른 아저씨들에게도 고개 숙여 인사했다. 아저씨들은 웃으며 고개를 끄덕였다. 조금 있다 우양이 아버지

가 밖으로 나왔다. 우양이는 아버지 눈을 피해 얼른 가게 모퉁이를 돌아 뒷문으로 들어갔다. 마당 한쪽에 자전거를 세워 두고, 우물로 가 얼굴이며 더러워진 옷이며 물로 닦아 냈다. 우양이를 보고 주방 아저씨가 주방에서 나왔다.

"넘어졌구나. 내가 괜히 배달 보내서……."

"괜찮아요."

혼자 있고 싶었다. 혹시라도 오늘 일을 아버지가 알면 속상해할 게 뻔했다. 언젠가 우양이는 동규 패거리들과 싸우다 맞고 집에 들어온 적이 있었다. 그날 밤 어두운 가게에서 혼자 술을 마시며 눈물 흘리는 아버지를 보았다. 그 뒤로는 동규 패거리들과 싸우지 않았다. 얼굴에 싸운 흔적이 있으면 아버지가 무슨 일인지 금방 눈치챌 수 있기 때문이었다.

우양이는 식당 안을 가로질러 쪽문으로 나갔다. 쪽문은 식당 왼쪽 벽에 나 있었는데, 이층으로 올라가려면 쪽문을 거쳐야 했다. 우양이가 계단을 다 올라갈 때쯤이었다. 계단 아래에서 아버지가 말했다.

"우양아, 가게 일 좀 도와다오."

아버지는 우양이 대답을 듣기도 전에 계단 옆 쪽문을 열고 다시 식당으로 들어갔다. 가게 일을 돕고 싶지 않았지만, 그렇다고 아버지 부탁을 거절할 구실도 마땅히 없었다. 하는 수 없이 우양이는 계단을 다시 내려갔다.

우양이 아버지는 소 잡는 백정이었다. 우양이 할아버지, 할아버지의 아버지도 모두 백정이었다. 우양이 아버지는 어린 시절 진주에서 살다 경성으로 올라왔다. 처음에는 경성 외곽에 있는 도살장에서 일을 하다 십 년 전 이 집을 사서 설렁탕 가게를 시작했다.

이십여 년 전인 경술년에 일본은 조선을 강제로 점령하고 식민지로 삼았다. 조선에 들어오자마자 일본은 고기소*를 엄청 키워 살코기만 일본으로 가져갔다. 일본 군인들에게 줄 고기 통조림을 만들기 위해서였다. 그러다 보니 조선에는 뼈나 내장 같은 부산물만 남았다. 그 부산물들을 백정이 처리해야 했고, 백정들은 그걸 이용해 설렁탕을 만들었다. 덕분에 경성에는 설렁탕 가게가 많이 생겨났다. 설렁탕은 싼 가격에 고기 국물을 먹을 수 있는 아주 좋은 음식이었다. 설렁탕 가게는 장사가 잘 됐고, 우양이네도 그중 하나였다.

우양이 아버지는 도살장과 가게를 오가며 일했다. 우양이네 일층은 가게였고, 이층은 살림집이었다. 우양이를 챙겨

＊고기를 얻으려고 키우는 소.

줄 엄마가 없었기에 가게와 붙어 있는 이 집이 우양이 아버지에게는 더없이 좋았다.

"이랏샤이마세!"

미닫이문이 열릴 때마다 우양이 아버지는 태엽 인형처럼 인사했다.

식당 벽에는 설렁탕에서 나오는 뜨거운 김이 서려 생긴 얼룩이 구름처럼 군데군데 어려 있었다. 그 위로 '설렁탕 13전', '머리고기 5전'이라고 쓰인 기다란 종이가 붙어 있었다. 처음에는 분명 하얀색이었을 종이는 누런빛이 돌았고, 귀퉁이는 찢어지고 말려 있었다.

사람들은 여덟아홉 개쯤 되는 탁자에 앉아 떠들며 끼니를 때우고 있었다. 막걸리에 설렁탕을 안주 삼아 먹는 사람도 있었고, 설렁탕 뚝배기에 고개를 박고 정신없이 빈속을 채우는 사람도 있었다. 식당은 사람들 말소리와 웃음소리, 고함 소리로 시끄러웠다.

우양이는 손님이 들어오면 설렁탕을 내왔고, 손님이 나가면 빈 그릇을 치웠다. 늙은 사람, 젊은 사람, 남자, 여자, 잘생긴 사람, 못생긴 사람, 돈 많은 사람, 돈 없는 사람, 조선 사람, 일본 사람, 서양 사람. 누가 오든지 경성 설렁탕 안에서는 똑같이 대접받고, 똑같이 설렁탕 한 그릇을 먹고 나갔다. 우양이는 세상도 이러면 얼마나 좋을까 하는 생각이 들었다.

드르륵, 미닫이문 열리는 소리에 탁자를 닦던 우양이는 고개를 들었다.

"어서 오세요."

회색 양복에 머리를 단정하게 빗은 신사와 단발머리 여학생이 가게 안으로 들어왔다. 우양이 머릿속을 맴돌던 그 여학생이었다. 두 사람은 입구에 서서 잠시 머뭇거리다가 빈 탁자를 찾아 마주 보고 앉았다. 신사가 우양이에게 손짓을 하자 우양이는 두 사람 앞에 물을 가져다주었다.

"설렁탕 후다쯔."

작고 부드러운 목소리였다. 우양이는 고개를 끄덕이며 단발머리 여학생을 슬쩍 보았다. 뽀얀 얼굴에 높다란 코. 우양이의 눈은 어느새 여학생의 코끝을 따라가고 있었다.

"설렁탕 후다쯔."

신사가 다시 말했다. 우양이는 그제야 정신이 들었다. 그러다 여학생과 눈이 딱 마주쳤다. 여학생은 멋쩍은지 싱긋 웃었다. 순간 우양이 가슴이 파도치듯 울렁였다.

우양이는 주방 아저씨에게 설렁탕 주문을 전달하고 뒷마당으로 나갔다. 경성 설렁탕 미닫이문 맞은편 벽에는 커다란 문이 있는데, 문을 열고 나가면 주방과 뒷마당이었다.

뒷마당은 온천 탕처럼 후덥지근했다. 활활 타오르는 아궁이 불 위에 나란히 앉은 가마솥 세 개에서 끊임없이 뜨거운 연기가 뿜어져 나왔다. 우양이는 우물에서 물을 떠 얼굴을 씻었다. 차가운 물이 얼굴에 닿자 가슴이 좀 진정되는 것 같았다.

아버지가 설렁탕을 가져다주었나? 우양이는 여학생이 궁금해졌다. 열린 문 가까이에서 식당 안을 훔쳐보았다. 뽀얀 얼굴이 다시 보였다.

"뭐하는 거여? 들어가려면 들어가고 아니면 아예 밖에 있든지. 왜 문을 막고 서 있는 거여?"

배달 갔다 왔는지 창주가 우양이 옆에 나란히 서서 목을 빼고 식당을 들여다보았다. 우양이는 도둑질하다 들킨 사람처럼 가슴이 뜨끔했다.

"아, 아무것도 아냐. 식당이 좀 더워서."

"여기가 불구덩인데, 무슨 말하는 거여."

창주가 한마디 던지고는 식당으로 들어갔다.

우양이는 다시 여학생을 보았다. 시끄럽게 떠들며 밥을 먹는 사람들 속에서 신사와 여학생은 조용히 속삭이며 말했고, 아주 점잖게 음식을 먹었다. 두 사람은 낡고 허름한 설렁탕 가게와는 어딘지 모르게 어울리지 않았다.

우양이도 다시 식당으로 들어갔다. 손님 탁자에 설렁탕을 나르고 빈 그릇을 치우면서 슬쩍슬쩍 여학생을 훔쳐보았다. 안 보려고 했지만 자꾸 눈길이 갔다. 탁자 위의 빈 그릇을 정리하고 주방으로 나르는 사이, 여학생과 신사는 사라졌다.

어디 사는 여학생일까? 다시 볼 수 있을까? 우양이는 가게 밖으로 나가 보았다. 골목 끝에 여학생과 신사가 나란히 걸어가고 있었다. 그 모습이 사라지고 나서도 우양이는 한참 동안 그 자리에 서 있었다.

세상은 불공평해

 "이번 시간엔 쓰기부터 하겠다. 다들 국어책을 펴서 그대로 적어라."

 도쿠다 선생님 말이 끝나기도 전에 아이들은 책상 위에 국어책을 펼쳤다. 도쿠다 선생님은 매일 아이들에게 국어책을 베껴 쓰도록 시켰다. 그래야 조선 아이들이 일본 말을 빨리 배울 수 있다고 생각했기 때문이었다.

 교실에는 연필 소리만 들렸다. 도쿠다 선생님은 손에 몽둥이를 들고 교실을 돌기 시작했다. 아이들이 시킨 대로 잘하고 있나 직접 눈으로 확인하고 있었다. 우양이도 국어책을 꺼내려고 책보를 열었다. 그런데 책이 없었다. 서랍에도 손을 넣어 보고 책보를 다시 뒤져도 보았지만, 책은 보이지 않았다. 아침에 책을 책보에 넣은 건 분명했다.

　도쿠다 선생님이 점점 다가오고 있었다. 우양이는 눈앞이 캄캄했다. 옆에 앉은 상기를 힐끔 쳐다보았다. 상기는 팔로 책을 가리고 엎드린 채 글씨를 쓰고 있었다.

　"우양! 왜 그리 멍청히 앉아 있지?"

　도쿠다 선생님의 화난 목소리가 교실에 울렸다. 결국 우양이는 수업 시간 내내 교실 뒤에서 벌을 섰고, 수업이 끝나고는 변소 청소까지 했다. 변소 청소를 마치고 밖으로 나오는데 입구 바닥에 국어책이 널브러져 있었다. 우양이 책이었다. 누군가 오줌을 갈겨 놓았는지 책은 축축하게 젖어 있었다.

　우양이는 손가락으로 책을 집어 들고 운동장 한구석으로 갔다. 책을 햇볕에 펼쳐 놓고, 그 옆에 앉았다. 눈으로 보지 않았어도 누가 그랬는지는 다 알 수 있었다. 하지만 이런 일쯤은 이제 아무것도 아니었다.

　며칠 전에도 동규 패거리들이 복도를 걸어가던 우양이 등을 밀어 넘어뜨렸다. 동규가 우양이 등 위에 올라타자 패거리들은 우양이에게 복도를 돌라고 재촉했다. 우양이는 동규를 등에 태우고 '음매' 하고 소리치며 복도를 돌았다. 그때 우양이는 땅속으로 들어가 숨고 싶었다. 소 취급만 당하지 않는다면 나머지는 다 참을 수 있었다.

한 장 한 장 책장을 넘기며 햇볕 아래 있다 보니 축축했던 책도, 우양이 마음도 조금 마르는 것 같았다. 우양이는 책을 들고 자리에서 일어났다.

가게에 도착하자 아버지가 우양이를 반겼다.
"우양아, 마침 잘 왔다. 얼른 배달 좀 다녀오너라."
우양이는 싫다고 말하려 했으나 아버지는 벌써 배달 목판을 들고 있었다.
"곧 배달꾼을 뽑을 테니 당분간만 도와줘라."
하는 수 없이 우양이는 자전거를 타고 종로 경찰서로 향했다. 종로 거리로 나가 힘껏 달리니 기분이 조금 나아졌다. 경찰서에 설렁탕을 내려놓고 종로 거리를 다시 세차게 달렸다. 세상일도 자전거 위에서처럼 원하는 대로 할 수 있으면 좋겠다는 생각만 들었다.

그 순간 우양이는 자전거를 멈추고 전봇대 뒤에 숨었다. 멀리서 동규가 걸어오고 있었다.

동규는 어떤 여학생과 이야기하며 걷고 있었다. 둘이 웃기도 하는 걸 보니 꽤 친한 사이 같았다. 그런데 여학생을 본 우양이의 눈이 점점 커졌다. 여학생이 꼭 단발머리 여학생 같았다. 우양이는 두 사람 뒤를 조심스레 따라갔다. 여학생이 웃으며 동규를 보는 순간, 여학생 옆모습이 또렷이 보였다. 뽀얀 얼굴에 오똑 선 코. 바로 어제 가게에 왔던 여학생이었다.

　동규와 단발머리 여학생은 함바그 레스토랑으로 들어가더니, 잠시 후 동규 아버지와 어제 보았던 회색 양복 신사와 함께 밖으로 나왔다. 네 사람은 길에 서서 웃으며 이야기했다. 그러더니 동규 아버지가 회색 양복 신사에게 허리를 푹 숙여 인사했다. 동규 아버지 머리가 땅에 닿을 것만 같았다. 우양이 눈에는 동규 아버지가 회색 양복 신사보다 더 나이 들어 보였다. 나이 어린 사람에게 저리 굽신거리다니. 우양이는 동규 아버지가 비굴해 보였다.

　동규 아버지는 단발머리 여학생에게도 웃음을 흘리며 공손히 인사하더니, 동규에게 인사를 하라고 시켰다. 동규는 학교에서와 달리 아주 공손하게 인사했다. 두 가족은 각자 검은 자동차를 타고 떠났다. 자동차가 떠나가자 우양이는 온몸에 힘이 쭉 빠졌다.

알렌 목사님이 그랬다. 하느님은 누구든 똑같이 사랑한다고. 그런데 지금 이 순간 우양이는 목사님 말씀이 틀리다는 생각이 들었다. 하느님은 동규를 특별히 더 사랑하는 게 분명했다. 세상은 동규를 중심으로 돌아가고 있었다.

동규 아버지는 학교 문턱이 닳도록 학교를 찾아왔다. 교장 선생님과 선생님들은 그런 동규 아버지를 특별히 대해 주었고, 동규 아버지에게 하듯 동규를 대했다. 그러니 학교에서 동규는 무서울 게 없었다. 그런데 이제 단발머리 여학생마저도 동규랑 친한 사이라니. 동규가 싫어하는 우양이는 세상 끝에 대롱대롱 매달려 있는 기분이었다. 동규가 슬쩍 밀어내기만 해도 우양이는 컴컴한 세상 끝으로 소리 없이 사라져 버릴 것만 같았다.

가게 문 닫을 시간이 가까워졌다. 손님들이 다 떠나자 우양이네 가게 식구들은 서둘러 뒷정리를 했다.

"자, 다들 감자 먹고 오늘 마무리 합시다!"

주방 아저씨가 김이 모락모락 나는 삶은 감자를 가지고 나왔다.

"창주야, 그만하고 와라. 우양이도 오고."

전표 정리를 마친 우양이 아버지가 뒷마당을 향해 소리쳤다. 뒷마당 청소를 마무리하고 우양이도 창주도 아버지 옆에 앉았다. 정신없이 가게 일을 하다 보니 좀 진정되긴 했지만, 우양이 가슴 밑바닥은 멍든 것처럼 계속 아려 왔다. 슬픈 마음을 아버지에게 들키고 싶지 않아 우양이는 애써 즐거운 표정을 지었다.

"창주야, 배달 하랴 주방 일 도우랴 힘들지? 많이 먹어라."

우양이 아버지 말에 창주는 입 안 가득 감자를 문 채 고개를 끄덕였다.

"배달꾼을 더 뽑아야 하는데, 마땅한 사람이 없네."

우양이 아버지는 일 년 전 가게에서 일하던 배달꾼이 돈을 훔쳐 달아난 뒤로 사람을 함부로 들이지 못했다.

"촌에서 일하던 것에 비하면 이건 아무것도 아니쥬. 촌에서는 하루 죙일 일해두 밥 구경 못하는 날이 많은데유, 뭐. 여기선 따박따박 밥 먹을 수 있어서 호강이구먼유."

창주는 감자를 꿀꺽 삼키더니 다시 말을 이었다.

"촌에서는유, 일본 놈들이 우리 땅도 다 뺏어 가구유, 쌀도 뺏어 가서 일본 놈들은 죽일 놈들이라고만 생각했슈. 근디 경성을 보니까유, 백화점에 은행에 높은 건물 천지여유.

그놈들이 조선을 발전시켰다는 게 거짓은 아닌가 봐유."

"그게 우리 좋으라고 한 건가? 지들 좋으라고 한 거지."

아버지가 한숨을 내쉬며 말했다. 창주는 무안한 듯 배시시 웃었다. 그러더니 감자를 하나 집어 입에 가져가려다 머뭇거리며 눈치를 보았다.

"저, 이거 제가 먹은 셈 치고 가져가도 돼유? 배가 차니까 자꾸 동생들이 생각나는구먼유."

"그럼. 남은 것도 가져가라."

아버지 말에 우양이는 벌떡 일어나 남은 감자를 쌌다.

그때 가게 미닫이문이 열리면서 춘길이가 들어왔다. 춘길이는 활짝 웃으며 인사했다.

"안녕하세요? 저 왔어요."

"형, 어서 오세요."

"안녕하셔유?"

우양이도 창주도 춘길이를 반겼다.

"나처럼 일한다는 녀석이 너구나. 반갑다."

"형도 여기서 일했어유?"

"그럼. 나도 여기서 일하면서 공부했지. 지금은 고기조합에서 일해."

창주가 부러운 눈으로 춘길이를 바라보았다.

몇 년 전, 춘길이는 부모를 잃고 혼자 동생을 돌보아야 했다. 그때 우양이네 가게에서 설렁탕 배달 일을 하며 꿋꿋이 살았다. 우양이 아버지는 춘길이를 기특하게 여겨 아들처럼 대해 주었고, 우양이도 친형처럼 따랐다.

"자, 갓 끓인 설렁탕이다."

주방 아저씨가 김이 모락모락 나는 설렁탕 한 그릇을 탁자 위에 놓았다.

"잘 먹겠습니다."

"그래. 식기 전에 어서 먹어라."

우양이 아버지도 흐뭇한 얼굴로 말했다.

"참, 창주라고 했지? 너 우리 야학에 나올래? 이제 백정 아니래도 다 받는다."

"제 처지에 무슨 공부래유."

"그냥 세상 돌아가는 걸 배우는 거야. 일하려면 바쁠 테니 일주일에 한 번이라도 나와. 우양이도 같이 나오든지."

춘길이는 우양이를 쳐다보았다.

"솔이는 애들 때문에 학교 그만뒀다고 하더라. 그래서 다음 주부터 야학에 나오기로 했어. 지금이 어떤 세상인데 아직도 백정이 더럽다고 우리끼리 싸우고 있으니…… 쯧. 학교에서는 일본에 충성하라고만 가르칠 테니 우양이도 차라리 야학에서 공부하는 게 어떠냐?"

솔이 이야기에 우양이 마음이 흔들렸다. 솔이 아버지도 백정이다. 다른 학교였지만 솔이가 학교에 다닌다는 얘기를 들을 때면, 우양이도 아이들의 괴롭힘을 버틸 힘이 났다. 하지만 솔이가 학교를 그만두었다는 이야기를 들으니, 춘길이 형 말처럼 마음 편하게 야학에서 공부하는 게 낫지 않을까 하는 생각이 들었다.

일본은 조선의 모든 것을 일본 것으로 바꾸려 했다. 자신들의 말을 듣지 않는 건 무조건 없애 버렸는데, 학교도 그중 하나였다. 조선 학교가 점점 사라지자 조선 사람들은 원하는 공부를 할 수 있는 야학을 만들었다. 야학은 전국 곳곳에 생겨났다. 백정들도 학교에 들어가지 못하거나 학교에서 밀려난 자식들을 위해 야학을 만들었다.

주방 아저씨와 창주가 돌아간 후, 우양이 아버지는 가게 문을 닫았다. 세 사람은 이층으로 올라왔다.

"사장님이랑 먼저 얘기 좀 하고 갈게. 조금만 기다려."

춘길이 말에 우양이는 고개를 끄덕였다.

우양이는 춘길이에게서 세상 이야기를 들었다. 춘길이는 우양이가 태어난 해에 일어났던 삼일 운동이나 만주에서 싸우는 독립투사 이야기, 돈 때문에 미국이나 일본으로 팔려가는 가난한 조선 사람들 이야기를 해 주었다. 하지만 우양이에게 그런 이야기는 머나먼 옛날이야기처럼 들렸다. 우양이가 만나는 사람이라곤 설렁탕 가게 식구들과 학교 아이들이 전부였다. 우양이 눈에 학교 아이들은 부유했고, 종로 거리에는 잘 차려입은 사람들만 있었다. 물론 설렁탕 가게에는 가난하고 허름한 사람들이 많이 왔지만, 그 사람들은 우양이에게 그냥 지나가는 손님일 뿐이었다.

"어제 어떻게 결론 났어요?"

춘길이는 마루에 앉자마자 우양이 아버지에게 물었다. 낮은 목소리였다. 하지만 늦은 밤이라 춘길이 말소리는 우양이 방까지 들렸다.

"원래 형평사 목적대로 유지하기로 했다."

불과 오십 년 전만 해도 백정들은 사람들과 어울려 살지 못했다. 마을과 동떨어진 외딴 곳에서 살며 사람들의 천시를 받았다. 백정은 백정끼리 결혼해야 했고, 정해진 옷을 입고 정해진 집에서 살아야 했다. 고기 맛을 알고 고기를 찾는 사람들이 늘어나면서부터 부자가 된 백정들이 많아졌다. 하지만 돈을 많이 벌어도 백정들은 집을 바꿀 수도, 옷을 사 입을 수도, 자식들을 교육시킬 수도 없었다. 그게 법이었다.

삼십 팔 년 전, 임금님은 모든 신분 차별을 없애겠다고 선언했다. 임금님은 잘못된 법은 바꿨지만 사람들의 생각까지는 바꾸지 못했다. 일본이 조선을 점령하고, 조선 사람들은 일본 사람들에게 무시당하고 살면서도 백정과 이웃으로 사는 걸 받아들이지 못했다. 백정들의 소원은 그저 다른 사람과 평범하게 어울려 살고 싶은 것이었다. 기독교가 조선 땅에 들어와 퍼지면서 백정들의 열망은 더 강해졌다.

그러다 구 년 전 진주에서 백정들은 뜻있는 사회 운동가들의 도움으로 형평사를 만들었다. '백정도 참다운 인간이 되게 한다'는 것을 목적으로 한 형평사는 전국에서 생겨났고, 백정들의 인권을 지키기 위해 노력했다. 백정들은 사회 운동가들과 공부를 하며 사회의식도 갖게 되었다. 우양이 아버지도 그중 하나였고, 지금은 형평사 경성지부 부회장을 맡고 있었다.

"이제는 형평사만 고집하면 안 돼요. 다른 조합하고도 힘을 합쳐야 된다고요."

"형평사마저 없어지면 무시당하는 백정들에게 누가 힘이 돼 주겠니? 일본이 도살장 권한도 다 뺏어 가고, 고깃값도 올려라 내려라 마음대로 하는 바람에 우리도 힘들다. 그냥 형평사 안에서 백정들의 경제적 권리도 같이 지키자는 게 간부들 생각이다."

"아시잖아요. 갈수록 일본 사람과 친일 세력만 더욱 부자가 되고 있어요. 심지어 형평사 백정들도 부자와 가난한 사람으로 나뉜다고요. 가난한 사람들이 아무리 열심히 일하면 뭐해요? 결국 부자들이 다 가져가는데. 이제 형평사든 아니든 가난한 사람들끼리 뭉쳐서 누구나 똑같이 잘 사는 세상으로 만들어야 해요."

춘길이의 목소리는 점점 커졌지만 우양이의 눈꺼풀은 자꾸 무거워졌다.

"쉿, 조용히 해라. 누가 들으면 큰일 난다. 젊은 사람들이 그런 생각이라면 더더욱 형평사를 없앨 수 없다."

쿵쿵쿵쿵! 쾅쾅쾅쾅!

대문 두드리는 소리에 우양이 눈이 번쩍 뜨였다.

"형님, 형님!"

삼촌이었다. 우양이가 마루로 나가자 아버지가 삼촌을 부축하며 현관으로 들어오고 있었다.

"우리 우양이 아직 안 잤네."

삼촌은 히죽 웃더니 다시 휘청거렸다. 춘길이가 삼촌을 마루에 앉혔다. 우양이는 얼른 물 한 대접을 가져왔다.

우양이 삼촌은 일본 유학까지 다녀왔지만 실업자다. 우양이 아버지에게 돈을 타 매일같이 카페에서 술을 마시며 춤추러 다닌다. 그렇지 않으면 친구들과 유람한다면서 이곳저곳 놀러 다니기 일쑤였다.

"형님, 저는 언제까지 이러고 살아야 합니까."

삼촌은 울먹이며 중얼거리더니 그대로 마루에 쓰러졌다.

4. 다시 만난 단발머리 여학생

"인사동, 세 그릇이요!"

우양이 아버지가 주문을 외치며 수화기를 내려놓자마자 다시 전화벨이 울렸다. 언제부턴가 일요일 아침이면 우양이네 가게는 배달 전화로 정신없이 바빴다. 주방 아저씨는 음식 준비로 진땀을 흘렸고, 창주는 탑처럼 쌓은 설렁탕 그릇을 싣고 가게를 나섰다.

가게도 사람들로 북적였다. 자동차가 출발하기 전 주유소에서 기름을 넣듯 사람들은 설렁탕으로 빈속을 채우고 구경터로 일터로 가 버렸다. 드르륵 미닫이문이 열리고 닫히는 소리, 덜거덕 그릇 소리, 사람들 말소리와 웃음소리로 가게는 활기가 넘쳤다.

"우양아, 관철동에 배달 좀 가야겠다. 요즘 신여성들이 일 때문에 바빠 밥도 못 한다더니."

아버지 말을 흘려들으며 우양이는 자전거를 타고 출발했다. 종로 거리도, 단성사 앞도 알록달록한 옷을 입은 사람들로 꽃밭처럼 화사했다.

조금 더 달리자 새로 생긴 주택가가 나왔다. 이층 벽돌 양옥집 앞에서 우양이는 자전거를 세웠다. 분홍색 양장에 뾰족구두를 신은 젊은 여자가 대문을 열어 주었다. 아버지가 말한 신여성이었다. 우양이는 웃음이 나왔다. 마치 아버지가 다 알고 말한 것 같았기 때문이었다.

열린 문 사이로 유성기 소리가 흘러나왔다. 우양이는 설렁탕을 마루에 내려놓고 남편인 듯한 남자에게서 돈을 받았다. 대문을 닫고 나가려는데 남자의 말소리가 들렸다.

"나가는 길에 한 그릇 사 먹지. 번거롭게 뭐 하러 배달을 시켰어?"

"백정이 하는 가게라 왠지 더러울 거 같아서. 호호."

그 말을 뒤로하고 우양이는 자전거를 몰았다. 여자의 말이 가시처럼 우양이 마음을 찔렀다. 우양이는 자전거 페달을 세차게 밟았다. 바람에 가시를 날려 버리고 싶었다.

우양이 아버지는 우양이에게 늘 몸가짐을 바르게 하라고 했다. 그래야 사람들이 백정이라 깔보지 않는다고 말이다. 우양이는 아버지의 말을 따르려고 노력했다. 하지만 우양이는 설렁탕 목판을 버리지 않는 한 절대 사람들의 마음을 바꿀 수 없을 거라 생각했다.

가게 뒷마당에 들어서자마자 물을 길어 세수를 했다. 곧이어 창주가 들어왔다. 비 맞은 사람처럼 얼굴이며 머리, 옷까지 온통 땀에 젖어 있었다. 창주는 저고리를 벗어 벽에 걸고는 물을 길어 머리에 끼얹었다.

"더워 죽겠구먼. 등에 물 좀 끼얹어 줘."

우양이는 창주 등에 물을 뿌려 주었다. 비쩍 마른 창주 몸은 뼈에 살가죽을 붙여 놓은 것 같았다.

"우와. 시원혀. 살 것 같어."

창주는 젖은 몸에 저고리를 걸치며 식당으로 걸어갔다.

"더 배달할 것 있남유?"

"없다. 어서 들어와서 밥 먹어라."

우양이와 창주는 식당으로 들어갔다. 창주는 계산대 옆에 앉아 허리춤에 찬 전대를 풀더니 돈을 꺼내 하나씩 펼쳤다.

"어휴, 외상값 겨우 받았어유. 오늘도 돈 안 주고 도망가려는 걸유, 끝까지 물고 늘어졌어유."

"창주가 기특하네. 외상값도 다 받아 오고."

우양이 아버지가 외상 장부를 펼치자 창주도 머리를 맞대고 장부를 확인했다.

"양복 입고 카페는 들락거리면서유, 밥값은 왜 떼먹는지 모르겠어유. 커피 한 잔 값도 안 되는 돈인데 말이어유. 사람들 심보도 참 고약혀유."

"그러게. 다들 무슨 생각으로 사는지."

우양이 아버지는 장부를 덮더니 일이 있다며 나갔다. 우양이와 창주는 구석 자리에 앉았다.

"너 그날 여학생 보려고 문에 서 있던 겨?"

"어? 무슨 여학생?"

우양이는 모르는 체하려 했지만, 단발머리 여학생만 떠올리면 이상하게 얼굴이 벌게졌다.

"얼굴이 먼저 대답하는 걸 보니 수상하구먼."

창주 말에 우양이는 픽 웃었다.

"그 여학생이나 신사나 우리 가게에 올 차림이 아니잖여. 그래서 내 잘 기억해 뒀어. 그런 번듯한 사람들이 가게에 들락거리면 경성 설렁탕이 유명해지는 건 시간문제여."

창주는 깍두기를 집어 설렁탕에 넣었다.
"여학생이 맘에 있으면 다음에 가게에 왔을 때 고기도 반찬도 더 가져다줘. 친절하게 구는데 이길 장사 없어."
창주는 무슨 대단한 비법이라도 말해 주듯 우양이 귀에 대고 속삭였다. 우양이는 다시 웃음이 나왔지만 꾹 참고 고개를 끄덕였다.

저녁때가 가까워 오자 손님들이 하나둘 식당으로 들어왔다. 열려 있는 미닫이문으로 말쑥한 신사와 단발머리 여학생이 쑥 들어왔다. 그 뒤로 키 작고 뚱뚱한 중년 부인도 따라 들어왔다. 부인은 기모노를 입고 있었다. 세 사람은 빈자리를 찾아 앉았다.
우양이는 창주 말이 머리에 맴돌았지만 선뜻 여학생 앞에 나서기가 쑥스러웠다. 우양이가 머뭇거리자 창주가 여학생이 앉아 있는 탁자에 설렁탕을 가져다주었다.
"아리가도오."
부인이 웃으며 인사했다.
우양이는 계산대 뒤에 앉아 슬며시 여학생을 훔쳐보았다. 여학생은 우양이를 등지고 앉아 있었다. 세 사람은 정답게 이야기하며 밥을 먹었다. 부러웠다. 엄마와 같이 밥을 먹으면 어떤 기분일까? 반찬이 없어도 밥이 맛있을까? 어릴 때 엄마를 잃은 우양이는 엄마에 대한 기억이 없다. 그냥 앞에 보이는 세 사람 사이에서 같이 웃으며 밥을 먹으면 좋겠다는 생각만 들었다.

"여기 있으면 어떡혀. 빨리 행동해야지."

창주는 우양이 손을 잡아끌고 주방으로 들어갔다. 그러고는 머리고기 한 접시를 우양이 손에 쥐여 주고 뒤에서 등을 밀었다. 우양이는 어느새 단발머리 여학생 가족 앞에 서 있었다.

"고기는 안 시켰는데."

점잖은 신사가 말했다.

"알아유. 자주 오시라고 드리는 거여유. 덤이라 생각하시면 되어유."

창주는 마네킹처럼 가만히 서 있는 우양이 손에서 접시를 뺏어 탁자 위에 놓았다.

"아리가도오."

기모노를 입은 부인이 다시 인사했다. 단발머리 여학생은 우양이를 쳐다보며 입을 가리고 킥 웃었다. 순간 여학생과 우양이 눈이 마주쳤다. 여학생의 검은 눈이 참 예뻤다. 우양이는 얼른 창주 등을 밀며 뒷마당으로 나와 숨을 크게 내쉬었다.

"이상하게 자꾸 가슴이 벌렁거려."

우양이 말이 끝나기도 전에 주방 아저씨가 소리쳤다.

"애들아, 빨리 손님 받아라."

우양이와 창주는 식당으로 다시 들어갔다. 손님들이 몰려들었다.

조금 뒤에 단발머리 여학생 가족은 식당을 나갔다. 여학생 가족이 사라지자 우양이는 아쉬웠다. 빈 그릇이라도 치우려고 세 사람이 있던 자리로 갔다. 그런데 의자 위에 꽃무늬 양산이 놓여 있었다. 우양이는 양산을 집어 들고 밖으로 뛰어나갔다.

세 사람은 골목을 빠져나가고 있었다. 우양이는 숨도 쉬지 않고 달렸다. 인기척을 느꼈는지 단발머리 여학생이 뒤를 돌아보았다. 우양이를 본 여학생의 눈이 동그래졌다.

"헉헉. 이걸 두고 가서."

"아, 오카상, 오카상."

여학생이 부르는 소리에 앞서가던 회색 양복 신사 부부가

뒤를 돌아보았다. 부인은 양산을 보자 활짝 웃었다.

"아리가도오."

부인의 인사에 우양이는 가슴이 뿌듯했다. 단발머리 여학생은 들고 있던 손가방에서 모리나가 밀크초콜릿을 꺼내 내밀었다.

"양산도 고맙고 아까 고기도 고마웠어."

"뭘, 아무것도 아닌데."

우양이는 무안해서 고개를 떨궜다.

"모리나가도 맛있을 거야."

여학생 말에 우양이는 하늘로 둥실 떠오르는 기분이었다.

5. 설렁탕이 맛있다고?

부자든 가난하든 조선 사람들은 자식을 학교에 보내고 싶어 했다. 험난한 세상에서 살아남는 길은 배우는 것밖에 없다고 생각했다. 그러나 학교는 턱없이 부족했고 상급 학교에 가는 것은 매우 힘들었다.

"경성에서 가장 많은 합격자를 내는 학교로 만들겠습니다."

아침 조회 시간에 교장 선생님의 말씀이 끝나자마자 졸업반 수업 과정이 전부 입시 준비 과정으로 바뀌었다. 졸업반 아이들은 오직 공부만 해야 했다. 그래서인지 동규도 잠잠했다. 학교를 오가는 길에 우양이는 동규 패거리들을 마주치기도 했다. 그러면 패거리들이 찝쩍대며 우양이를 넘어뜨리곤 했는데, 그런 일쯤은 아무것도 아니었다. 우양이는 이런 평화가 조금 낯설었지만 덕분에 동규를 잠시 잊을 수 있었다.

수업을 마치면 우양이는 곧장 가게로 달려갔다. 상급 학교에 가려면 우양이도 공부에 매달려야 했다. 하지만 여학생을 다시 꼭 만나고 싶었다. 다시 만난다면 저번처럼 말도 못 하고 그냥 보내는 일은 없을 거라 다짐했다.

우양이는 모리나가 초콜릿을 그대로 간직하고 있었다. 학교에서 우양이가 아이들에게 받은 건 그저 놀림이나 욕뿐이었다. 그런데 초콜릿을 받다니! 우양이는 초콜릿을 볼 때마다 싱글싱글 웃음이 나왔고, 힘이 났다.

가게 안으로 들어가자 아버지가 수화기를 내려놓으며 말했다.

"우양아, 마침 잘 왔다. 종로 경찰서에 배달 좀 가야겠다."

아버지 부탁에 우양이는 선뜻 대답하지 못했다. 배달 가는 것도 싫었지만, 가게를 비운 사이 단발머리 여학생이 올까 조바심이 났다. 그런 우양이 마음을 알지 못하는 아버지는 공부할 시간을 뺏는 게 영 미안한 눈치였다.

"경찰서만 얼른 다녀오너라. 오늘 저녁부터는 아는 사람이 일해 주기로 했다. 그럼 가게 일 신경 쓰지 않아도 된다."

아버지는 배달 목판을 건네 주며 말했다. 우양이는 떠밀리듯 가게를 출발했다. 경찰서에 설렁탕 그릇만 얼른 내려놓고 종로 거리로 나왔다. 한시라도 빨리 가게로 돌아가고 싶어 서둘러 자전거를 몰았다. 그러다 끼익, 자전거를 멈췄다.

센베이 과자 가게 앞에 단발머리 여학생이 서 있었다. 여학생은 진열장에 놓인 과자를 구경하고 있었다. 그러더니 가게 안으로 들어갔다. 우양이도 얼른 자전거를 몰고 가게 앞으로 갔다. 여학생이 서 있던 자리에서 유리창 너머로 가게 안을 들여다보았다.

여학생은 점원과 과자를 고르고 있었다. 우양이는 눈으로 여학생만 좇았다. 갑자기 여학생이 고개를 돌리자 우양이와 눈이 딱 마주쳤다. 우양이는 얼른 눈을 피했다. 다른 곳을 쳐다보는 척하며 우물쭈물했다.

"너도 과자 사러 왔어?"

언제 나왔는지 여학생이 우양이 뒤에 서 있었다.

"아, 아니. 냄새가 너무 좋아서 그냥……."

"나도. 그래서 하나 샀어."

여학생은 환하게 웃으며 과자 봉지를 들어 보였다. 여학생의 웃는 얼굴이 한여름 햇살보다 더 빛났다.

"이거 같이 먹을래?"

"어? 그, 그래."

갑작스러운 여학생의 말에 우양이는 당황스러웠지만 기분은 날아갈 것 같았다.

"가게 일하는 중이었어?"

여학생은 목판을 보더니 시무룩해져서 물었다.

"일 끝났어. 조금 있다가 들어가도 돼."

"그럼 우리 어디로 갈까?"

우양이는 특별히 생각나는 곳이 없었다.

"아, 저기 뒷골목으로 가면 조용한 곳이 있어. 내가 아는 교회인데 거기로 가자."

여학생이 앞장섰다. 골목길로 들어가 조금 걸어가니 여학생 말대로 작은 교회가 나왔다. 우양이와 여학생은 교회 뒷마당에 있는 긴 의자에 나란히 앉았다. 교회는 조용했고, 바람은 시원했다. 담벼락에 빨간 덩굴장미가 흐드러지게 피어 있었다.

"내 이름은 레이카. 고운 향기라는 뜻이야."

레이카에게서 이름처럼 고운 향기가 나는 것 같았다. 꽃 향기인지 여름 향기인지 레이카 향기인지, 우양이는 향기에

휩싸여 붕붕 떠 있는 것 같았다.

"이름이 뭐야?"

레이카가 우양이를 쳐다보며 물었다.

"어, 백우양이야."

"우, 양. 우양."

레이카는 이름을 기억하려는 듯 중얼거렸다.

뛰어날 우에 어질 양. 뛰어나면서도 어질다는 뜻이다. 우양이는 자기 이름 뜻을 말하려다 쑥스러워 그만두었다. 레이카는 우양이를 오래전부터 알고 있는 사이처럼 스스럼없이 대했다. 조선인 가정부에게서 말을 배워 조선말도 아주 잘했다.

레이카는 과자를 내밀었다. 과자 봉지에서 달콤한 냄새가 퍼져 나왔다.

"설렁탕 정말 맛있어. 우리 가족은 설렁탕 참 좋아해."

"싸구려 음식이 입에 맞아?"

우양이는 과자를 입에 가져가다 놀라 물었다. 레이카는 우양이 말이 도리어 놀랍다는 얼굴이었다.

"싸구려 음식이라니! 쇠머리 스프 같다고 신문엔가에 났는데, 몰랐어?"

쇠머리 스프 맛이 어떤지는 모르지만, 신문에 나왔다는 말이 우양이 귀에는 칭찬처럼 들렸다.

"설렁탕을 소뼈로 만든다는데, 정말이야? 어떻게 만드는 거야?"

레이카는 과자를 한 입 베어 물면서 우양이를 말똥말똥 쳐다보았다. 우양이는 당황스러웠다. 가게 일을 돕기는 했지만 설렁탕 만드는 것에는 관심이 없었다. 관심이 없을 뿐 아니라 우양이는 설렁탕이 싫었다. 가게랑 붙어 있는 집도 싫었다. 아버지가 설렁탕 가게만 하지 않았어도 학교에서 애들이 그렇게 놀리지 않았을 거라고 늘 생각했었다.

"소뼈로 만든 건 맞는데…… 사실 나도 잘 몰라."

"괜찮아. 오카상이 먹을 때마다 신기해서 물어본 거야."

이럴 때 설렁탕 만드는 법을 잘 이야기해 주면 레이카가 아주 좋아할 텐데. 우양이는 아쉽기도 하고 부끄럽기도 했다. 그건 아이들에게 놀림을 받을 때와는 다른 부끄러움이었다.

"나 너희 가게에서 설렁탕 처음 먹어 봤어. 처음엔 이상했는데 먹을수록 맛있더라. 오토상이 맛있는 집을 잘 찾았어."

우양이는 설렁탕 칭찬이 영 어색했다. 칭찬보다 경멸에 더 익숙해져 있었다.

"오카상은 국물이 맛있다던데 나는 파가 맛있어. 원래는 파 싫어했었는데 설렁탕에 들어 있는 파는 참 좋아."

레이카의 말에 기분이 좋기는 했지만, 혹시 거짓말이 아닐까 하는 생각도 들고 어리둥절했다. 그러면서 동규랑 걸어가던 레이카의 모습이 떠올랐다.

'레이카는 내가 더러운 출신이라는 걸 알고 있을까? 그걸 알아도 지금처럼 나랑 웃으며 이야기할까?'

"사실…… 조선 사람들…… 설렁탕 무시해. 백정도 더럽다고 싫어하고."

우양이는 기어드는 목소리로 말하며 고개를 떨어뜨렸다. 레이카가 어떤 대답을 할지 걱정이 앞섰다.

"그게 무슨 상관이야. 일본에서도 백정을 무시하는 사람들이 있다고 들었어. 그 사람들 이상해. 사람은 하느님 아래서 다 똑같은데."

우양이는 깜짝 놀라 레이카의 얼굴을 보았다. 마치 알렌 목사님이 옆에 있는 것 같았다.

"목사님 말고 그런 말하는 사람은 처음 봐. 고마워."
"네가 왜 고마워? 고마운 건 난데."

"무슨 말이야?"

"사실 나 학교에서 도망쳤다."

레이카는 우양이를 보며 배시시 웃었다.

"예습 너무 하기 싫어. 수업 끝나고 왜 또 남아서 공부해야 하는지 모르겠어. 매일 계산 문제만 잔뜩 풀어야 하고. 그래서 오카상 아프다고 거짓말하고 몰래 도망 나왔지."

헤헤거리는 레이카 얼굴이 장난꾸러기 같았다. 레이카 웃음이 전염됐는지 우양이도 덩달아 웃어 버렸다.

"오카상 알면 큰일 나. 그래서 밖에서 시간 보내다가 집에 들어가려 했는데, 널 만나 다행이야."

레이카의 비밀을 듣고 나자 우양이는 레이카와 특별한 사이라도 된 것 같았다.

"상급 학교 가기 너무 힘들어. 미술이나 음악 시간에도 국어나 수학 공부해야 하고."

우양이는 레이카도 상급 학교를 준비한다는 사실에 가슴이 설렜다. 상급 학교 학생으로 레이카를 만난다면…… 상상만으로도 신이 났다.

"오토상은 자꾸 나더러 일본으로 들어가래. 거기서 여학교를 다녀야지, 여기 있다가는 일본 남자에게 시집도 못 간

다나. 그 말이 싫었는데 공부하기 지겨워서 오토상 말 들을까 생각 중이야.”

“일본? 언제 가는데?”

“아직은 몰라. 그냥 그렇다고. 그런데 경성에서 살다 보니 경성이 좋기도 하고.”

우양이 가슴에 찬바람이 휙 불었다. 레이카가 정말 일본으로 가는 게 아닐까 걱정도 됐다.

“이럴 줄 알았으면 더 사 올걸.”

레이카가 아쉬운 표정을 짓더니 마지막 남은 과자를 반으로 쪼갰다.

“다음에 또 사 먹자. 그때는 내가 사 올게.”

우양이는 말을 해 놓고도 자기가 이런 말을 아무렇지도 않게 한다는 게 놀라웠다. 레이카는 고개를 끄덕이며 빙긋 웃었다.

“요즘 우리 선생님이 읽어 주는 책이 있는데 아주 재밌어. 솔직히 학교에서 공부하기는 싫은데 책 얘기 듣고 싶어서 가는 거야. 너 장 발장 읽어 봤어?”

우양이는 처음 들어 보는 책 제목에 고개를 가로저었다.

“장 발장이라는 사람이 배고파서 자기도 모르게 빵 하나를 훔쳤는데, 그 죄로 감옥에 십팔 년 동안 있어야 했어. 장발장은 감옥이 끔찍해서 몰래 도망쳤는데, 경찰이 장 발장을 잡으려고 쫓아다니는 얘기야."

"빵 하나 훔쳤는데 십팔 년 동안 감옥에 있어야 했다고? 말도 안 돼."

우양이는 마치 자기가 장 발장이라도 된 것 같아 억울하고 속상했다. 그런 우양이 마음을 레이카는 모르는 것 같았다.

"그래서 다시 잡혔어?"

"아직 몰라. 궁금해서 책 사 보려고."

레이카는 말을 하며 손목시계를 보더니, 자리에서 벌떡 일어났다.

"나 가야겠다. 시간이 벌써 이렇게 됐네."

두 사람은 골목을 빠져나와 다시 종로 거리를 걸었다. 레이카가 특별히 재미있게 말하는 건지 레이카네 학교가 재미있는 건지, 우양이는 레이카의 얘기를 듣는 게 즐거웠다. 이 시간이 오래갔으면 좋겠다는 생각만 들었다.

그때 검은색 자동차 한 대가 끼익 멈추더니, 안에서 동규가 내렸다.

"너희 뭐야? 음매, 너 왜 레이카랑 같이 있어?"

동규가 눈을 희번덕거리며 물었다. 우양이는 동규를 보자 가슴이 철렁 내려앉았다. 동규가 무슨 짓을 할까 봐 겁부터 났다.

"우리 우연히 만났어. 둘이 아는 사이야?"

"아주 잘 아는 사이지. 음매, 네가 이렇게 뒤통수칠 줄 몰랐어. 앞으로 내 눈에 띄면 그땐 죽을 줄 알아."

동규는 당장이라도 우양이 얼굴을 한 대 날릴 듯이 주먹을 꽉 쥐어 보였다.

"동규, 친구한테 무슨 짓이야?"

레이카가 동규한테 따지듯 화를 냈다. 우양이는 그대로 돌아서서 자전거를 몰았다.

"레이카, 다음에 또 보자."

"우양, 기다려!"

"음매, 조심해라. 내가 벼르고 있다."

우양이는 자전거 페달을 세게 밟았다. 그럴수록 가슴이 더 답답해졌다. 무언가 아주 소중한 걸 동규에게 빼앗긴 기분이었다. 다른 때와 달리 억울하다는 생각이 자꾸 들었다. 가슴속에서 울컥하고 뭔가가 소용돌이치기 시작했다. 그 소용돌이는 점점 세차게 돌며 동규에게 그 어떤 것도 빼앗기지 않겠다고 말하고 있었다. 우양이는 레이카도 학교도 절대 포기하지 않겠다고 마음먹었다.

6 창주의 진심

그날 레이카와 동규를 만난 이후로 우양이는 공부에만 집중했다. 학교를 마치고 오면 곧장 방에 들어가 밤늦도록 공부했다. 며칠 후에 치를 시험에서 우양이는 좋은 성적을 받고 싶었다. 그래서 경성 최고의 고등학교에 입학해 레이카를 만나고 싶었다.

그러다 문득 레이카가 한 말이 생각났다. 신문에 나왔다는 그 기사, 그게 사실일까? 아무리 생각해도 믿기지 않았다. 우양이는 마루로 나가 구석에 쌓여 있는 신문을 들추어 보았다.

우양이 아버지는 신문 읽는 것을 좋아했고, 신문을 함부로 버리지도 않았다. 어린 시절 우연히 동네 어른에게 한학을 배우게 되었고, 그러면서 배움의 가치를 알게 되었다. 그래서 기회가 있을 때마다 신학문을 접하려고 노력했다. 형평사를 돕는 사회 운동가들도 대부분 공부를 많이 한 사람들이어서 우양이 아버지는 그 사람들에게서도 배우며, 책과 신문 읽는 것을 멈추지 않았다.

신문을 한참 뒤져도 레이카가 말한 기사는 없었다. 아무래도 다른 신문에 나온 것 같았다. 우양이는 신문을 원래대로 해 놓고, 안방으로 들어갔다. 안방에 있는 신문 더미를 뒤져 봐도 그런 기사는 없었다.

아쉬웠다. 하지만 다시 생각해 봐도 레이카의 말이 거짓 같지는 않았다. 설렁탕이 더러운 음식이 아니라는 것만으로도 우양이는 만족했다. 그때였다.

"소뼈 왔어요! 소뼈 왔어요!"

골목에서 지게꾼 아저씨가 외치는 소리가 이층까지 올라왔다. 우양이는 얼른 아래층으로 달려 내려갔다. 저녁 시간이 지나면 지게꾼 아저씨가 소뼈를 싣고 우양이네 가게로 온다. 도살장에 있는 우양이네 가게에서 살코기를 팔고 남은 뼈와 부산물을 설렁탕 가게로 보내는 것이다.

우양이는 식당으로 들어갔다. 날이 더워지면서 설렁탕 가게는 다른 때보다 손님이 뜸했다. 식당에는 허름해 보이는 손님 한두 명이 탁자에 앉아 허기를 채우고 있었다. 우양이는 식당을 가로질러 뒷마당으로 나갔다.

뒷마당 왼쪽에는 주방이 있고, 그 옆에 아궁이 세 개가 나란히 있다. 아궁이 위에는 설렁탕 가마솥이 종일 끓고 있다. 오른쪽에는 장독대가 있고, 그 옆에는 뒷문이 있다. 뒷문으로 배달 자전거가 들락거린다. 뒷마당 가운데에는 우물이 있는데 우물가에서 경성 설렁탕 식구들은 뼈도 씻고 김치도 담근다.

지게꾼 아저씨는 소라게처럼 자기 몸보다 두 배나 큰 자루를 지고 뒷마당으로 들어왔다. 창주가 자루를 받아 내렸다. 우양이도 얼른 다가가 창주를 거들었다. 지게꾼 아저씨는 자루를 내려놓자마자 뒷문으로 나갔다. 젓가락 같은 아저씨의 몸이 귀신처럼 금세 사라졌다.

우양이와 창주는 자루를 풀기 시작했다.

"벌써 갔나?"

주방 아저씨가 뒷문을 쳐다보며 말했다.

"물이라도 좀 먹고 가지. 이 무거운 걸 들고 오느라 힘들었을 텐데."

주방 아저씨는 지게꾼 아저씨가 그냥 돌아간 게 영 아쉬운지 자꾸 혼잣말을 했다. 그러더니 우양이와 같이 자루를 들어 커다란 함지박에 뼈를 쏟았다. 우르르, 소뼈가 자갈돌처럼 쏟아져 나왔다. 그러자 피비린내가 확 끼쳤다. 역한 냄새에 우양이는 고개를 휙 돌렸다. 어릴 때부터 아버지에게서 나는 냄새였지만 우양이는 아직도 그 냄새가 익숙하지 않았다. 어쩌면 우양이 마음이 설렁탕을 받아들이지 못하기 때문에 그런 건지도 몰랐다.

"그렇게 힘들어할 거면 왜 여기 있는 겨?"

창주가 못마땅하다는 듯 말했다.

"비위가 약한 사람은 냄새날 때마다 힘들어해. 금방 괜찮아질 거야."

주방 아저씨가 말했다. 창주는 우물물을 길어 함지박에 부었다. 물은 차오르면서 점점 핏빛으로 변했다. 주방 아저씨는 함지박에 손을 넣어 뼈를 씻은 뒤 물을 버렸다. 그러자 이번에는 물에서 피 냄새가 났다. 우양이는 냄새에 벌떡 일어났다.

"너 그러려면 들어가서 공부나 혀. 여기는 주방 아저씨랑 내가 알아서 혀."

창주가 우물물을 함지박에 부으며 말했다. 주방 아저씨는 뼈를 씻으며 싱글거렸다.

"뭐 좋은 일 있어유?"

창주가 이상하다는 듯이 물었다.

"내가 너희들처럼 사장님 옆에서 설렁탕 만드는 걸 배운 게 엊그제 같은데. 이제 너희들이 내 옆에서 배우겠다고 하니 웃음이 절로 나오네."

주방 아저씨 말에 모두 웃음을 터뜨렸다. 한바탕 웃고 나서도 창주는 영 못마땅하다는 듯 말했다.

"좁은 데서 거치적거리지 말고 너는 들어가 공부나 혀."

"조금만 구경하다 들어갈게. 걱정 마."

우양이는 레이카를 다시 만나면 어떻게 설렁탕을 만드는지 얘기해 주고 싶었다.

"이상혀. 안 하던 짓 하는 게 영 이상혀. 죽을 때가 되면 그런다던데."

창주가 고개를 갸웃하며 말했다. 그런 창주를 보며 우양이는 슬며시 웃었다.

창주는 우양이와 나이가 같다. 설렁탕 가게에서 일한 지는 얼마 되지 않았지만, 우양이와 금방 친구가 되었다. 늘 혼자였던 우양이에게 창주는 친구 그 이상이었다. 창주와 이야기를 나누다 보면 우양이는 이상하게 걱정도 슬픔도 쪼그라드는 것 같았다.

"너희 아버지, 아니 사장님은 뼈를 아주 정성스럽게 다루신단다. 사람들이 먹을 음식이니까 소중하게 여겨야 한다면서. 그 정성이 설렁탕 맛을 내는 거지."

주방 아저씨도 뼈를 소중한 보물이라도 다루듯 조심스레 씻었다.

"깨끗이 헹궈 낸 다음에 물에 담가 두면 핏물이 빠져. 핏물을 잘 빼야 국물이 구수해진다."

말을 마치자마자 주방 아저씨는 함지박에 물을 가득 채웠다. 세 사람은 물이 가득 찬 함지박을 한쪽으로 밀어 두었다.

"이렇게 두었다가 내일 아침에 뼈만 건져 솥에 넣으면 되지유? 내일부터 제가 할게유."

"꼬붕이 있으니 편하네."

주방 아저씨는 싱글거리며 주방으로 들어가고, 창주는 아궁이에 머리를 박고 불을 피웠다. 우양이가 아궁이 옆으로 다가갔다.

"뜨거워. 저쪽으로 가."

하는 수 없이 우양이는 아궁이에서 떨어져 앉았다. 창주는 아궁이 속에 들어 있던 숯을 한곳에 모으고, 장작을 더 넣었다. 장작에서 연기가 나더니 불이 타오르기 시작했다. 창주는 아궁이 속을 한참 들여다보다 얼굴이 벌게져 우물로 달려갔다.

"너 2호점 사장님 되기도 전에 머리고기 돼서 제사상에 오르겠다."

창주는 머리와 얼굴을 씻으며 킥킥댔다. 그러더니 물이 뚝뚝 떨어지는 머리를 우양이 앞에서 마구 흔들었다. 우양이 얼굴에 물방울이 튀었다.

"차가워. 저리 가."

"시원해서 좋기만 한데, 안 그래?"

창주는 히히거리며 머리를 한참 흔들어 털고 나서, 우양이 옆에 앉아 물을 벌컥벌컥 마셨다.

"설렁탕은 불이 생명이여. 뜨거운 불, 중간 불, 약한 불로 스물네 시간 쉬지 않고 뼈를 우려내야 혀. 불이 약하면 국물이 싱겁고, 불이 세면 다 타 버려."

창주는 벌써 설렁탕 고수라도 된 것 같았다.

창주는 설렁탕 만드는 걸 배우고 싶어 했다. 배달 자전거를 타면 허벅지가 터져 나갈 것 같다고 징징대면서도, 쉬는 시간이면 주방 아저씨 옆에서 시중을 들며 뼈 국물 내는 법과 고기 삶는 법 등을 곁눈질로 배웠다. 얼마 전 우양이 아버지가 그 사실을 알고 주방 아저씨에게 창주를 잘 가르쳐 보라고 했다.

우양이 아버지는 무엇이든 열심히 하는 사람을 좋아해 힘닿는 대로 도와주곤 했다. 창주에게는 설렁탕 만드는 걸 잘 배워 경성 설렁탕 2호점을 내 보라고 했다. 그 말을 들은 창주는 입이 찢어졌다. 그 뒤로 창주는 틈만 있으면 설렁탕 만들기에 매달렸다.

우양이는 창주를 이해할 수 없었다. 백정들이나 하는 일이 뭐가 좋다고 저리 열심히 하는지 말이다. 레이카가 설렁탕에 관심이 없었다면 우양이도 이리 가게에 나와 있지 않을 터였다.

"너는 그 여학생이랑 잘돼 가는 거?"

"좀 친해지긴 했는데, 가게에 다시 오기를 기다려야 해."

"참 답답혀. 네가 성춘향이여? 이도령 기다리는 것마냥 여학생을 기다리고 있으니."

"괜찮아. 공부하면서 기다리면 돼."

"가게에 여학생 그림자만 비쳐도 네게 알려 줄 겨. 다음에 만나면 여학생네 집도 알아 놓고 그려."

우양이는 웃으며 고개를 끄덕였다.

"나는 공부할 수 있는 네가 참말로 부러워. 우리 아버지도 내가 학교 다니는 걸 보고 싶어 하셨어."

"그럼 춘길이 형 야학에 다녀라. 내가 같이 가 줄까?"

"내가 뭐 애여? 손잡고 가게. 내가 갈 수 있음 갈 겨. 지금은 때가 아니여."

창주는 멍하니 하늘을 올려다보았다. 웃음을 멈춘 창주의 얼굴이 금세 어두워졌다. 우양이는 그런 창주가 낯설어 조금 당황스러웠다. 창주는 한숨을 내쉬더니 이야기를 시작했다.

"너는 소작이 뭔지나 알어? 소작으로 산다는 건 가슴에 한을 품고 사는 거여. 열심히 일해도 결국 지주 배만 불리는 일인 거여."

창주는 조그만 시골 마을에서 살았다. 창주 아버지는 남의 땅을 빌려 농사 짓는 소작농이었다. 하지만 열심히 농사 지어 추수를 해도, 땅 빌린 값을 지주에게 내고 나면 남는 쌀이 없었다. 어느 날 창주 아버지는 마름을 찾아갔다. 마름은 소작농에게 땅 주인의 땅을 대신 빌려주는 일을 하는 사람이었다. 창주 아버지는 마름에게 어린 새끼들 먹이게 땅 빌린 값을 조금만 깎아 달라고 사정했다. 마름은 대답 대신 매를 주었다.

창주 아버지는 아예 땅 주인을 찾아갔다. 땅 주인은 어릴 때 창주 아버지와 같이 뛰놀던 동무였다. 그런데 일본인이 하는 일에 적극 앞장서더니 아주 큰 부자가 됐다. 창주 아버지는 지주에게 손이 발이 되도록 빌고 또 빌었다. 자식들을 먹여 살릴 수만 있다면 자존심 따위는 일찌감치 버렸다. 그런데 돌아온 건 쌀이 아니라 매타작뿐이었다.

"아버지가 맞는 걸 볼 때마다 내 마음도 멍들었어."

창주는 목이 메는지 잠시 말을 멈췄다.

"굶기를 밥 먹듯이 했어도 그때가 좋았어. 온 식구가 같이 살았으니. 아버지 소식이 끊긴 지 벌써 일 년이 다 되어 가. 만주서 자리 잡고 우릴 부른다 했는데 살아 계신지, 어디서 맞고 계시지는 않는지, 어디가 아프지는 않은지, 걱정돼 죽겠어."

창주 얘기에 우양이도 가슴이 아려 왔다. 창주는 항상 밝고 명랑했다. 웃음 뒤에 이런 아픔을 감추고 있었다고 생각하니, 창주가 아주 어른스러워 보였다. 우양이는 창주의 어깨를 가만히 잡았다. 창주는 우양이를 보며 빙그레 웃었지만, 눈에는 물기가 반짝였다.

"너는 내가 설렁탕 배우는 게 이해가 안 간다고 했지만 내 소원은 단 하나여. 그건 내 힘으로 우리 가족을 배불리 먹이는 거여. 온 가족이 모여 배불리 먹고, 웃는 얼굴을 볼 수 있다면 나는 어떤 어려움도 이겨 낼 수 있어."

"걱정 마. 아버지한테 곧 연락 올 거야."

"그려. 아버지가 곧 오실 거여. 우양아, 너는 공부혀서 뭐가 되고 싶은 겨?"

"나는 선생님이 되고 싶었어. 아이들을 하나도 차별하지 않는 선생님 말이야. 그런데 요즘은 좀 아니라는 생각이 들어. 일본 말 안 쓰면 조선 아이들을 때리기도 해야 하고, 춘길이 형 말처럼 일본에 충성하라고만 가르쳐야 하잖아. 그래서 아직 결정 못 했어."

"나는 나중에 설렁탕 가게 사장님이 될 겨. 이 강창주가 시시한 가게는 안 할 겨. 조선에서 제일가는 설렁탕 가게를 할 겨. 아니 만주까지도 다 내 손에 넣을 겨."

창주는 아주 자신 있게 말했다. 우양이는 그런 창주의 모습이 보기 좋았다.

"나는 경성 설렁탕에서 일하는 게 참 감사혀. 사장님한테도 늘 고맙고. 내 인생에 이런 은인은 없어. 요즘 세상에 누가 이렇게 남을 챙겨 주겠어?"

창주는 우양이를 보며 빙긋 웃었다.

"내 보기에 설렁탕만 한 음식이 없어. 난 맛있는 설렁탕을 만들 거여. 그래서 배고픈 사람들이 내 설렁탕을 먹고 행복하면 좋겠어. 배고픈 게 얼마나 슬픈 일인지 너는 몰러."

창주 얼굴이 다시 밝아졌다.

7 쇠머리 스프

 "우양. 이번 시험 아주 잘 봤다. 성적이 많이 올랐다."
 수업이 끝나자 도쿠다 선생님은 아이들에게 성적표를 나눠 주며 우양이를 칭찬했다. 우양이는 선생님의 칭찬이 낯설었지만 아주 기뻤다. 기쁜 소식을 아버지에게 빨리 알려 주고 싶어 부리나케 운동장으로 나와 교문으로 향했다.
 교문 가까이에 동규 패거리들이 있었다. 동규 패거리들은 자기들끼리 킬킬 웃으며 장난치고 있었지만, 꼭 누군가를 기다리는 것 같았다. 우양이는 동규 패거리들을 보자마자 다시 운동장 안으로 들어갔다. 동규 패거리와 맞닥뜨리고 싶지 않았다.
 토요일이라 전교생과 선생님들이 동시에 운동장으로 몰려

나오고 있었다. 운동장은 서너 명씩 짝 지어 걸어가는 아이들로 북적였다. 우양이는 아이들 사이에 혼자 서 있었다. 모르는 아이들 뒤에 숨어서라도 가고 싶었다. 하지만 아이들은 끼리끼리 걷고 있어 따라붙기가 좀 그랬다. 그때 교문 가까이로 도쿠다 선생님이 걸어가고 있었다. 우양이는 얼른 선생님 옆으로 달려갔다.

"선생님, 안녕히 가세요."

도쿠다 선생님은 우양이의 인사에 눈으로 답했다. 우양이는 도쿠다 선생님과 나란히 걸었다.

"우양. 조금 더 공부하면 좋은 상급 학교에 갈 거다."

다른 때와 달리 도쿠다 선생님은 다정하게 말했지만, 우양이는 그 말이 귀에 들어오지 않았다. 교문 앞에서 자기를 째려보고 있는 동규 패거리들에게 온통 신경이 가 있었다. 우양이는 동규를 못 본 척하고 선생님 옆에 바짝 붙어 교문을 빠져나갔다.

도쿠다 선생님은 반 아이들 가운데 누굴 더 좋아하고 싫어하지 않았다. 똑같이 차갑게 대했다. 동규 때문에 우양이는 선생님에게 많이 혼났다. 그래서 선생님이 늘 무서웠다. 하지만 지금 이 순간만은 선생님이 고마웠다.

도쿠다 선생님과 헤어지고 우양이는 가게까지 마구 달렸다. 숨이 턱까지 차올랐지만 달리고 또 달렸다. 가게에서 일하던 아버지는 우양이가 건넨 성적표를 보고 아주 크게 웃었다. 아버지가 이처럼 크게 웃는 모습은 처음 보았다. 우양이도 덩달아 기분이 좋아졌다.

"밥만 먹고 올라가서 쉬어라."

아버지는 구석에 있는 탁자에 반찬을 내오며 말했다. 창주가 설렁탕 뚝배기를 들고 식당으로 들어왔다.

"이거 내가 끓인 거여. 좀 먹어 봐."

창주가 탁자에 뚝배기를 내려놓으며 말했다.

"사람들이 덥다고 여긴 안 오고 냉면 집에만 가는데 어리석은 겨. 더운 날엔 더운 음식으로 더위를 이겨야 하는 겨."

우양이는 창주 말에 웃음이 터졌다. 그러면서도 창주가 만든 설렁탕을 얼른 한 입 맛보았다.

"맛있다. 이거 진짜 너 혼자 다 한 거야? 굉장해!"

창주는 우양이 말에 선뜻 대답하지 않고 눈만 껌벅였다.

"실은 사장님하고 주방 아저씨가 도와줬구면. 완전히 나 혼자 했다고는 할 수 없어."

창주가 기어들어 가는 목소리로 말했다. 주방 아저씨도

설렁탕을 가져와 탁자 위에 놓았다.

"아니야. 창주가 거의 다 했어. 어찌나 빨리 배우는지 내 자리가 위태위태해."

주방 아저씨 말에 모두 큰 소리로 웃었다.

레이카를 만난 뒤로 우양이도 설렁탕 맛을 느껴 보려 애썼다. 전에는 설렁탕은 건드리지도 않고 밥만 먹은 적이 많았다. 하지만 요즘엔 설렁탕에 파도 듬뿍 넣어서 먹는다.

"네가 설렁탕 먹을 줄 아는구먼. 설렁탕엔 파가 제격이여. 깍두기도 말아서 먹어 봐."

창주는 우양이 옆에 앉아 엄마처럼 말했다.

"조금 있다가 야학에 배달도 갈 거여. 드디어 창주님 설렁탕이 세상으로 나가는 거여."

창주가 어깨를 으쓱이며 말했다.

"춘길이 형 야학에? 나도 가고 싶어. 아버지 저도 같이 가도 되죠?"

"그럼 좋지. 춘길이가 야학 아이들에게 설렁탕을 먹이고 싶다고 하도 소원해서 가져다주기로 했다."

우양이 아버지도 우양이 옆에 앉더니 설렁탕을 먹기 시작했다.

"창주 잘했네. 맛이 좋다."

우양이 아버지 칭찬에 창주는 다시 어깨를 으쓱했다.

"그나저나 너희 선생님께 고맙다고 인사하고 싶구나. 선생님 덕분에 네 성적도 올랐으니 말이다. 마음 같아서는 가게에 한번 모시고 좋은 머리고기를 준비해 대접하고 싶은데, 가게가 누추해서 오시라 그럴 수도 없고."

우양이 아버지는 밥을 먹다 말고 무언가를 생각하더니 다시 밥을 먹었다. 우양이는 도쿠다 선생님이 설렁탕 먹는 모

습을 상상해 보았다. 뜨거운 국물을 먹으면 차가운 얼굴이 어찌 변할까 생각하니 킥 웃음이 나왔다. 우양이 아버지는 야학에 배달할 설렁탕을 준비한다며 뒷마당으로 나갔다. 우양이도 밥을 다 먹고 빈 그릇을 정리했다.

"설렁탕 좀 사 갈게요."

레이카 목소리였다. 언제 왔는지 레이카가 낯선 아줌마와 나란히 서 있었다. 낯선 아줌마는 레이카네 집에서 일하는 조선인 가정부였다.

"앉으셔유."

창주가 말하자 레이카는 고개를 저었다.

"이 냄비에 설렁탕 좀 담아 갈게. 오카상이 몸이 좀 아픈데, 설렁탕을 먹고 싶어 해. 그런데 여기 설렁탕은 우리 집까지 배달이 안 돼서."

레이카는 가정부가 들고 있는 냄비를 가리키며 말했다. 우양이는 가정부에게서 냄비를 받아 뒷마당으로 나갔다.

"오늘 설렁탕은유, 지가 만들었구먼유. 아마 특별히 맛있을 거여유."

창주 말에 레이카가 싱긋 웃었다. 우양이는 설렁탕을 담은 냄비를 보자기에 싸서 가정부에게 건네주었다.

"이거 받아. 사실 이거 주고 싶어서 온 거야."

레이카가 작은 책 한 권을 내밀었다.

"장 발장, 기억나지? 궁금해서 사자마자 다 읽어 버렸어. 너도 읽어 봐."

"고마워."

"그리고 이것도 봐. 신문이 아니라 잡지에 나온 거더라."

레이카는 잡지를 우양이에게 건네고는 다음에 만나자며 가게를 떠났다. 잡지는 〈조선만화〉라는 일본어로 된 잡지였다. 우양이는 얼른 잡지를 펴 보았다.

　의사들의 감정에 따르면 이 쇠머리 스프는 정말로 좋은 것으로, 닭고기 스프나 우유가 그에 미칠 것이 아니라고 한다. 큰 솥은 일 년 내내 걸쳐져 있으며 바닥까지 아주 깨끗이 씻는 일도 없다. 매일매일 뼈를 교체하고 물을 더 부어서 끓여낸다. 이 국물, 즉 스프는 아주 잘 끓인 것으로 매일 연속해서 끓이기 때문에 여름에도 상하는 일이 없으며 이것을 정제하면 분명히 세계 어느 곳에서도 비견할 수 없는 자양품(滋養品)이 된다. 이러한 사실로 인해 지금 쇠머리 스프를 병에 담아 조선 특유의 수출품으로 상용하게 될 것이다.

 글을 읽자마자 우양이는 웃음이 나왔다. 일본 사람들까지 설렁탕을 칭찬하다니! 우양이는 얼른 아버지에게 달려가 잡지를 보여 주었다.
 "난 알고 있었다."
 아버지는 의외로 담담했다. 아버지와 달리 주방 아저씨와 창주는 아주 좋아했다.

"내 이럴 줄 알고 경성 설렁탕 2호점을 낸다고 한 겨. 난 역시 앞을 내다볼 줄 아는 사람이여."

창주 말에 모두 크게 웃었다.

"우리 힘을 합쳐서 경성 설렁탕을 일본이며 중국, 러시아에도 수출하자. 와, 생각만 해도 기분 좋네."

주방 아저씨 말에 창주가 딱 잘라 말했다

"아저씨, 만주는 안 돼유. 거기는 내 구역이어유."

창주 말에 경성 설렁탕 식구들이 다시 깔깔댔다. 우양이는 깜깜했던 가슴 한구석에 가느다란 빛이 비치는 것 같았다.

야학은 허름한 건물 안에 있었다. 형평사에서 구석방을 하나 빌려준 것이다. 방문을 열자 열 명이 조금 넘는 아이들이 앉은뱅이책상을 앞에 두고 빙 둘러앉아 있었다. 설렁탕을 보자마자 아이들의 얼굴에 웃음꽃이 피어났다.

"마침 잘 왔다. 어서들 먹자."

아이들은 겨울 들판에 쓰러져 있는 풀처럼 바짝 말라 있었다. 설렁탕을 받아 들자마자 모두들 그릇에 코를 박고 먹었다. 국물 한 방울도 남기지 않았다. 금방 아이들의 얼굴에

생기가 돌았다. 우양이는 그 모습에 가슴이 찡했다. 싼 음식이든 비싼 음식이든 음식은 사람들의 생명을 채워 주는 귀한 것이라는 생각이 들었다.

창주는 책꽂이 앞에 서서 책을 구경하고 있었다. 책꽂이에는 책이 빽빽하게 꽂혀 있었다.

"창주야, 공부하고 싶니? 언제든지 와라."

창주 등 뒤에서 춘길이가 말했다.

"아니어유. 지는 설렁탕 가게를 하기로 맘을 먹어서 공부는 안 할 거여유."

"높은 자리에 올라가려고 공부하는 게 아니야. 세상이 어떻게 잘못됐는지, 조선 사람들은 왜 죽도록 일해도 가난하게 살고, 일본 사람들은 부자가 되는지를 알려고 공부하는 거야. 우양이 아버님도 가게를 하시지만 늘 책을 보시잖니."

"지는 사람들이 배부르게 먹는 것만 봐도 좋아유. 우선 그것부터 하고 싶구먼유."

창주가 진지한 표정으로 말했다.

8. 레이카 만나지 마!

"시험이 가까워 오고 있다. 날씨가 덥다고 해이해지면 안 된다."

도쿠다 선생님 말처럼 더위에 아이들은 조금씩 지쳐 가고 있었다.

점심시간이 다가올수록 교실은 뜨거운 햇볕에 달궈졌다. 뜨거운 열기가 아이들에게서 집중력을 뺏어 가더니 도쿠다 선생님의 말소리도 먹어 버린 듯했다. 선생님 말소리는 알아들을 수 없이 윙윙댔고, 조는 아이들도 생겨났다.

열린 창문으로 파리가 들어왔다. 파리를 잡겠다고 상기가 벌떡 일어나더니 소리쳤다.

"누가 설렁탕 시켰나 봐요."

상기의 말에 교실이 금방 웅성거렸다. 아이들은 동시에 창밖을 쳐다보았다. 우양이도 아이들을 따라 밖을 보았다. 아버지와 창주가 자전거를 타고 운동장으로 들어오고 있었다. 자전거 뒤에는 커다란 통이 실려 있었다.
　야학에 다녀온 뒤, 우양이는 아버지에게 도쿠다 선생님 식사 대접을 야학에서 한 것처럼 하면 어떻겠냐고 말했다. 우양이네 학교 아이들은 대부분 경성에서 좀 산다고 하는 집 아이들이었다. 아마 더럽다고 설렁탕을 먹어 보지 않았을 것이다. 우양이는 그런 아이들에게 설렁탕 맛을 보여 주면 생각이 좀 달라질지도 모른다고 생각했다. 레이카와 일본 잡지에 난 기사, 야학에서 설렁탕을 먹는 아이들을 보고 난 뒤 그런 자신감이 생겼다. 하지만 아버지는 생각처럼 쉬운 일이 아니라며 시큰둥했다. 그래서 우양이도 포기했었다. 그런데 아버지가 설렁탕을 가지고 오고 있었다.
　"조용! 모두들 자리에 앉아!"
　도쿠다 선생님의 말과 동시에 점심시간을 알리는 종이 울렸다. 마침 우양이 아버지가 교실로 들어왔다. 도쿠다 선생님과 우양이 아버지는 인사를 하고 이야기를 나누기 시작했다. 우양이는 가슴이 조마조마했다. 혹시라도 아버지가 선생님에게 망신이라도 당하면 어쩔까 걱정이 앞섰다. 그러면 바로 학교를 그만두어야 할지도 모른다.

"음매, 여물통을 여기까지 가져오다니. 겁도 없어."

동규가 한마디 하자 동규 패거리들이 킬킬댔다. 우양이는 동규 말이 들리지도 않았다. 오직 아버지와 도쿠다 선생님만 바라보았다. 드디어 도쿠다 선생님이 웃으며 우양이 아버지에게 말했다.

"교장 선생님은 신경 안 쓰셔도 됩니다. 출장 가셔서요. 다른 선생님들께는 제가 잘 말하겠습니다."

도쿠다 선생님이 몸을 돌려 아이들에게 말했다.

"자, 조용히. 선생님 말 들어라. 우양이 아버님이 여러분 공부하느라 고생한다고 설렁탕을 준비해 오셨다. 설렁탕은 영양가가 많은 음식이니까 먹고 싶은 사람은 앞으로 나와 줄을 서라."

선생님의 말을 듣는 순간 우양이 가슴에 햇살이 환하게 비치며 긴장했던 마음이 스르르 녹아 버렸다. 선생님이 영양가 많은 음식이라고 직접 말해 주다니! 내심 고마웠다. 아버지 뒤에서 창주가 눈을 찡긋했다. 우양이는 웃음이 피식피식 나왔다.

우양이 아버지는 뜨거운 국물을 선생님 책상에 먼저 올려놓았다. 도쿠다 선생님은 기분 좋게 설렁탕을 먹기 시작했다. 그러자 쭈뼛거리던 아이들도 우양이 아버지 앞에 줄을 섰다. 다른 아이들도 뒤질세라 그 뒤에 섰다. 반 아이들은 하나씩 설렁탕을 받아 갔다. 단 한 사람, 동규만 빼고 말이다. 동규는 입을 씰룩거리며 제자리에 앉아 있었다.

"이렇게 더운 여름날엔 뜨끈한 고기 국물을 먹으면서 땀을 쭉 빼야 혀유. 그게 약이어유."

창주가 큰소리로 말하며 커다란 통에 담긴 설렁탕을 퍼 주었다. 우양이도 머리고기를 선생님과 아이들 앞에 놓아 주었다.

"파를 듬뿍 넣어야 맛나유."

창주 말에 아이들은 킥킥댔다. 반 아이들은 가져온 벤또을 꺼내 밥을 설렁탕에 말았다. 야학 아이들처럼 반 아이들 얼굴에도 웃음꽃이 피었다. 점심시간이 마치 잔칫집처럼 풍성했다.

동규 패거리들은 동규 눈치를 보느라 처음에는 설렁탕을 가져가지 않았다. 하지만 상기가 책상 위에 놓인 고기 한 점을 집어 먹더니 설렁탕 국물을 받아 갔다. 그러자 다른 아이

들도 뒤따라 받아 갔다.

 "앞으로 저희 경성 설렁탕을 이용해 주셔유. 제가 잘해 드릴 게유."

 창주가 넉살 좋게 말하자 아이들도 소리 내서 웃었다.

학교에 설렁탕을 배달한 건 꽤 효과가 있었다. 우양이를 쳐다보지도 않았던 아이들이 얼굴을 마주치면 씩 웃었다. 설렁탕이 맛있었다며 말을 거는 아이들도 있었다. 우양이는 아이들의 칭찬이 어색하면서도 좋았다. 칭찬 한마디에 힘이 나기도 했다.

그렇게 며칠이 지나갔다. 동규는 조용했다. 설렁탕의 기세에 한풀 꺾인 것 같았다. 우양이는 이제 정말로 상급 학교 시험 준비만 하면 될 듯싶었다.

다른 날처럼 우양이는 학교를 마치자마자 가게로 들어갔다. 점심시간이 지난 뒤라 그런지 식당에는 사람이 없었다. 검은 중절모를 쓴 아저씨 혼자서 밥을 먹고 있었다. 중절모 아저씨는 밥을 먹으며 땀을 줄줄 흘렸다. 그러고는 땀을 닦으면서 식당을 둘러보았다. 그러다 우양이와 눈도 마주쳤다. 우양이는 중절모 아저씨가 좀 이상하다는 생각만 들었.

중절모 아저씨가 밥을 다 먹고 나가자 아버지는 라디오를 켜고 신문을 펼쳐 들었다. 라디오에서는 가수 최명주의 노래가 흘러나왔다. 노랫소리가 식당을 가득 채웠다. 주방 아저씨가 노래를 따라 흥얼거리며 참외를 가지고 식당으로 들어왔다. 오랜만에 느껴 보는 평화로운 오후였다.

갑자기 중절모 쓴 남자들이 우르르 식당으로 들어왔다. 방금 식당에서 밥을 먹은 중절모 아저씨도 있었다. 남자들은 들어오자마자 탁자를 닥치는 대로 밀고 의자를 집어 던졌다. 의자가 바닥에 떨어지며 와장창 부서졌다.

"당신들 누군데 남의 가게에서 행패요?"

아버지가 놀라 남자들을 붙들고 물었다. 남자들은 대답 대신 식당을 더 난장판으로 만들었다. 우양이와 주방 아저씨도 남자들을 붙잡고 말렸다. 식당이 한참 전쟁터가 되어 갈 무렵, 동규 아버지가 야릇한 미소를 지으며 식당으로 들어왔다. 뒤따라 동규도 목을 빳빳이 세우고 들어왔다. 동규 아버지를 본 우양이 아버지 얼굴이 굳어졌다.

"이제 됐다. 나가거라."

동규 아버지 말 한마디에 남자들이 식당을 나갔다. 주방 아저씨도 슬금슬금 주방으로 들어가 문 뒤에 숨어서 식당을 훔쳐보았다.

"나리, 잘 지내셨어요? 저희 집까지 직접 오시고."

우양이 아버지는 동규 아버지에게 공손하게 인사했다. 동네 어른 대하듯 예의 바르게 말했지만 눈에는 경계하는 기색이 가득했다. 동규 아버지는 우양이 아버지 인사를 무시하고 식당을 둘러보았다.

"오랜만이야, 개똥이. 못 본 사이에 신수가 훤해졌어. 가게도 번듯한 게 이름도 바꿨다지?"

동규 아버지는 우양이 아버지를 어릴 때 고향에서 부르던 이름으로 불렀다.

"이렇게 가까이 살아도 얼굴 보기가 힘드니, 경성이 넓긴 넓어."

동규 아버지와 우양이 아버지는 어릴 때 같은 마을에서 살았다. 동규네 집안은 뼈대 있는 양반 가문으로 대대로 아주 높은 벼슬을 했다. 마을 사람들은 동규네를 참판 댁이라 부르며, 동규네 식구들 그림자도 밟지 않았다.

"무슨 말씀을요."

"자네, 세상이 바뀌었다고 위아래도 없어진 줄 아나? 고향에서는 감히 내 발뒤꿈치도 만지지 못할 것들이! 백정 놈의 새끼들 내가 학교에 발도 못 붙이게 했는데, 이 녀석은 아직도 쥐새끼처럼 남아 있었더군."

동규 아버지는 얼굴을 험하게 구기며 말했다. 그러더니 우양이를 노려보며 턱을 꽉 움켜쥐었다. 우양이 아버지는 동규 아버지 팔을 잡아당기며 말했다.

"나리, 진정하세요. 무슨 일인지는 모르겠지만 손은 놓고 말하세요."

동규 아버지가 귀찮다는 듯이 밀치자 우양이 아버지는 넘어질 듯 뒷걸음쳤다.

"네가 우리 동규한테 까분다면서. 그래서 씨가 나쁜 것들은 일찌감치 싹을 잘라 줘야 하는 거야. 우리 동규가 너처럼 더러운 놈들하고 같이 공부해야겠냐? 이쯤에서 학교 그만두는 게 좋을 거다."

우양이 가슴속에서 뜨거운 게 울컥 치밀어 올랐다. 대답 대신 동규 아버지를 노려보았다. 동규 아버지가 눈을 이글거리며 우양이 뺨을 갈기려는 순간, 우양이 아버지가 우양이를 감싸 안았다.

"나리, 차라리 저를 때리세요."

"비켜."

동규 아버지는 우양이 아버지를 밀쳐 냈다.

"꼬마 녀석이 아주 맹랑하군. 물정 모르고 까불고 있어. 목숨 붙이고 이 가게 계속하고 싶으냐? 내가 너희 부자 정도는 쥐도 새도 모르게 없애 버릴 수 있다는 걸 몰라? 꼬마야,

내가 재밌는 얘기 하나 해 줄까? 예전에 우리 고향에 살인 사건이 났지. 마을 사람 하나가 백정을 죽여 버렸단다. 그런데 살인범은 잡혀가지 않았어. 왜 그랬을까?"

가게에 무거운 침묵이 흘렀다.

"그건 죽은 사람이 백정이었기 때문이야. 백정은 호적이 없었어. 호적이 없다는 건 세상에 없는 놈이라는 거야. 세상에 없는 놈을 죽인 건 살인죄가 아니지."

동규 아버지는 가게가 떠나갈 듯 크게 웃어 댔다. 우양이와 우양이 아버지는 얼음처럼 얼어붙어 가만히 서 있었다.

우양이는 동규와 눈이 마주쳤다. 동규가 혀를 날름 내밀었다. 그리고 승리의 미소를 지었다. 우양이는 두 주먹을 꽉 쥐었다. 가슴 깊은 곳에 있던 뜨거운 응어리가 용암처럼 움직이기 시작했다. 응어리가 주먹으로 몰리면 동규 아버지를 한 대 날려 버릴 것만 같았다. 우양이는 응어리가 터져 나오지 않도록 주먹을 꽉 쥐었다. 주먹이 부들부들 떨렸다. 그러자 응어리는 목으로 향했다. 우양이는 이를 악물었다.

"꼬마야, 이제 알아들었지? 그러니 좋은 말로 할 때 학교 그만둬라."

동규 아버지 말이 끝나자마자 동규가 나섰다.

"너 레이카 또 만나면 죽여 버릴 거야."

"이 녀석이 레이카도 넘봐? 하하. 꼬마 놈이 영리하군. 레이카 아버지가 높은 직책은 아니지만 꽤 쓸 만하지."

우양이 아버지가 얼굴을 일그러뜨리며 말했다.

"도련님, 죄송합니다. 제가 사과드릴 테니 마음 푸세요. 다시는 그런 일 없을 겁니다."

"하, 하지 마!"

우양이는 아버지가 동규에게 고개 숙이는 걸 볼 수 없었다. 그걸 아는지 동규가 웃으며 우양이 아버지에게 말했다.

"그럼 네가 책임지고 못 만나게 해."

"네, 네. 그러지요."

"하지 말라고!"

우양이는 더 이상 참을 수 없었다. 소리를 지르며 뒷마당으로 나갔다. 아버지는 우양이의 세상을 받쳐 주는 지지대였다. 그 지지대가 무너져 우양이는 낭떠러지 아래로 끝없이 떨어지는 것 같았다. 으악, 으아악! 가슴속 응어리가 설움에 받쳐 고함 소리가 되고 눈물이 되어 터져 나왔다.

잠시 뒤에 아버지가 뒷마당으로 나왔다.

"왜 사과했어요? 왜 그랬냐고요?"

"우양아, 무조건 덤빈다고 다가 아니다. 이길 싸움인지 상황을 보는 게……."

"언제까지 눈치만 봐야 하냐고요?"

우양이는 소리를 지르며 대문 밖으로 뛰쳐나갔다.

미국에서 공부할래?

 우양이는 밤새 동규에게 쫓기는 꿈을 꾸었다. 눈을 떠 보니 새벽이었다. 쉽사리 잠이 오지 않았다. 자꾸 어제 일이 떠올랐다. 어제 저녁 종로 거리를 헤매다 밤늦게 집으로 돌아왔다. 아버지는 가게 문을 닫고 골목에서 우양이를 기다리고 있었다. 우양이는 아버지를 본체만체하고 방으로 들어갔다.

 아버지가 일어났는지 방문 열고 닫는 소리가 났다. 우양이는 아버지랑 마주치기 싫어 서둘러 학교 갈 준비를 했다. 좋든 싫든 우양이가 갈 곳은 학교밖에 없었다.

 그때 아버지가 우양이 방으로 들어왔다.

 "아버지가 밤새 생각해 봤는데 말이다. 미국에 가서 공부하는 건 어떠니? 알렌 목사님이 내년에 본국에 돌아가시면서 아이들을 몇 명 데리고 가신다더구나. 목사님을 따라가면 어렵지 않을 거다."

갑작스러웠다. 우양이는 무슨 소리인지 어리둥절하기만 했다.

"저, 학교 그만두지 않아요."

"갈수록 일본은 힘이 더 세지고 있다. 너 혼자서 동규나 동규 아버지에게 맞서는 건 쉬운 일이 아니야."

"조금 있으면 상급 학교 시험이에요. 일단 시험 보고 생각해 볼게요."

우양이는 단호하게 말하고 집을 나왔다. 아버지에게 큰소리를 쳤지만 우양이도 동규와 맞설 자신은 없었다. 아버지 말처럼 아무도 모르는 미국에 가면 어쩜 마음 편하게 살 수 있을지도 모른다. 그냥 아버지 말을 따르는 게 나을까 하는 생각도 들었다. 그때 레이카 얼굴이 떠올랐다. 이제 레이카랑 막 친해졌는데 이대로 떠난다면 너무나 아쉬울 것 같았다.

어느새 우양이는 교실 앞에 서 있었다. 숨을 크게 들이쉬고 교실로 들어갔다. 동규는 우양이를 보자 얼굴을 일그러뜨렸다. 오전 내내 동규의 잡아먹을 것 같은 눈빛이 우양이

주위를 감돌았다. 우양이는 동규의 눈빛을 느낄 때마다 가슴이 섬뜩했지만 마음을 굳게 먹었다.

 점심시간이 되자 누가 먼저랄 것도 없이 아이들은 벤또를 꺼냈다. 우양이는 운동장으로 나갔다. 구석 그늘진 곳에 계단이 보였다. 계단에 앉아 하늘을 보았다. 파란 하늘에 떠다니는 하얀 구름은 아무 근심 걱정 없어 보였다. 우양이도 구름을 따라 어디론가 가고 싶었다.

 밥을 다 먹었는지 아이들이 운동장으로 나왔다. 우양이는 다시 교실로 들어갔다. 교실에는 아이들이 많지 않았다. 혼자 자습을 하는 아이도 있었고, 서너 명은 모여서 잡담을 하고 있었다. 우양이는 자리에 앉아 책상 위에 엎드렸다. 머릿속에 미국 얘기, 레이카, 동규 눈빛이 자꾸 떠올랐다. 머리가 아팠다. 머릿속을 비우고 싶었다. 우양이는 책보에서 레이카가 준 장 발장을 꺼내 펼쳤다.

 "음매, 뭐 하는 거야? 안 어울리게."

 동규였다. 동규는 우양이가 들고 있는 책을 뺏어 들었다.

 "너야말로 뭐야? 내 책 돌려줘."

 우양이는 자리에서 벌떡 일어났다.

 "그렇게 말해도 못 알아들으니 역시 소 새끼군. 이제 사람

흉내 그만 내고 외양간으로 돌아가.”

동규는 우양이 눈앞에서 책을 찢으려고 들어 올렸다. 그러다 갑자기 멈칫했다. 동규 눈이 커지더니 얼굴이 벌게졌다.

“레이카? 이거 레이카 거야?”

“그래. 레이카가 준 거야.”

우양이 말을 듣자마자 동규 눈이 이글이글 타올랐다. 우양이는 동규가 당황하는 모습이 고소해 웃음이 픽 나왔다.

“너, 웃어?”

동규는 보란 듯이 책을 쫙 찢었다. 우양이는 화가 치밀었다. 앞에 있는 책상을 팍 밀어 버렸다. 책상이 넘어가면서 동규도 뒤로 넘어졌다.

“이 새끼가!”

동규가 벌떡 일어나 씩씩거리며 우양이 멱살을 잡았다. 당장이라도 한 대 날릴 듯이 주먹을 쥐었다. 그때였다.

“지금 뭐 하는 거야? 점심시간이 싸우라고 있는 줄 알아?”

도쿠다 선생님이었다. 아이들은 순식간에 자리에 앉았다. 우양이도 얼른 책상을 제자리에 세우고 앉았다. 동규만 씩씩거리며 서 있었다.

“동규! 우리 학교에서 폭력 학생은 어찌 되는지 알고 있을

텐데. 네 아버지만 너무 믿지 마라."

도쿠다 선생님 목소리는 차가웠다. 동규는 선생님을 노려보았다.

"저 백정 놈이랑 같이 공부 못 해!"

동규는 악을 쓰며 교실 밖으로 뛰쳐나갔다. 도쿠다 선생님이 동규를 불렀지만 동규는 돌아오지 않았다.

수업이 끝나자마자 우양이는 가게로 달려갔다. 아버지랑 마주하는 게 마음에 걸렸지만 하는 수 없었다. 길모퉁이를 돌 때면 가슴이 조마조마했다. 동규 패거리들이 어디선가 확 나타날 것도 같았다. 우양이는 가게 뒷마당으로 달려 들어갔다. 그러자 마음이 놓였다.

뒷마당은 다른 때와 달리 조용했다. 우물 옆에는 도마가 있었다. 그 위에 썰다 만 파와 칼이 놓여 있었다. 우양이는 고개를 갸웃하며 식당으로 들어가 보았다. 아무도 없었다. 이상했다.

"우양이 벌써 왔네."

주방 아저씨가 미닫이문으로 들어오며 말했다.

"왜 아무도 없어요?"

"사장님은 아침부터 일 있다고 나가셨고, 창주는 어머니가 다쳤다는 소식 듣고 지금 집으로 달려갔다. 우양아, 괜찮으면 파 좀 썰어 줘라."

아버지가 없다는 말에 우양이는 마음이 편해졌다. 주방 아저씨를 따라 뒷마당으로 나갔다. 도마 옆에는 씻어 놓은 파가 수북이 쌓여 있었다. 도마 앞에 앉아 파를 썰기 시작했다. 만만해 보였던 파 썰기는 생각보다 쉽지 않았다.

"아저씨, 매워요."

우양이 눈에서 눈물이 뚝 떨어졌다.

"잠깐 쉬었다 해라. 눈물도 닦고. 나도 처음엔 매워서 혼났다."

우양이는 잠시 눈물을 닦고 파를 가지런히 썰었다.

"네가 칼질하는 걸 보니 피는 못 속이겠다. 너희 아버지도 칼질을 잘하잖니. 박서양 아버지도 아들이 자길 닮았으면 칼질을 잘할 거라 생각해 의학 공부 시켰다더라."

박서양은 백정 출신으로 의사가 된 사람이다.

"나는 처음에 칼질을 어찌나 못했던지 너희 아버지가 꽤 답답해했다."

주방 아저씨 말에 우양이도 아저씨도 같이 웃었다. 그때 우양이 아버지가 가게로 들어왔다. 우양이는 아버지를 보자 얼굴이 굳어져 고개를 푹 숙였다. 아직 아버지한테 마음이 풀어지지 않았다.

"우양이 기특하다."

아버지는 장독대에 앉아 우양이가 파 써는 걸 지켜보았다. 우양이는 말없이 파만 썰었다. 아버지가 옆에 있으니 편하지 않았다. 그냥 이층으로 올라갈까 파를 다 썰고 올라갈까, 그것만 생각했다.

"우양이가 칼질을 아주 잘해요."

주방 아저씨가 우양이 칭찬을 했다.

"그러네. 남들은 칼 쓰는 놈이라고 우리를 무시하지만 그건 몰라서 하는 소리다. 진짜 백정은 허튼 칼질 안 한다. 죽은 소에서 뼈를 발라낼 때도 꼭 필요한 칼질만 한다."

아버지 말속에는 백정에 대한 자부심이 담겨 있었다.

"아버지는 소가 좋다. 살아서는 묵묵히 자기 일을 하고 죽어서는 맛있는 살코기에 뼈까지 사람들에게 다 내주잖니. 남들이 뭐라 해도 아버지는 소처럼 살고 싶구나."

우양이는 묵묵히 파만 썰고 있었지만 오늘따라 아버지 말에 가슴이 뭉클했다.

10. 신당리 토막촌

 장마가 시작됐다. 밤새 비가 내리더니 아침이 되자 비가 언제 왔냐는 듯 해가 다시 반짝였다.
 "저 아무래도 창주한테 가 봐야 할 것 같아요. 며칠째 연락이 없으니 걱정돼요."
 학교에서 돌아온 우양이가 아버지에게 말했다. 아버지는 고개를 끄덕이더니 주방으로 들어갔다. 옆에 있던 주방 아저씨도 고개를 갸웃했다.
 "좀 이상해. 이렇게 연락 안 할 녀석이 아닌데."
 아버지는 주방에서 설렁탕을 한 보따리 들고 나왔다.
 "이거 가져가라. 어머니가 아프다니 밥도 제대로 못 먹고 있을 텐데."

창주가 사는 신당리는 우양이도 처음 가 보는 곳이다. 우양이는 자전거를 타고 달리다 멈춰 서서 아버지가 그려 준 약도를 펼쳐 보고 다시 달렸다.

조금 달리다 보니 축축한 공기가 우양이 얼굴에 훅 끼쳤다. 청계천이었다. 어젯밤에 비가 온 터라 천에는 물이 많았다. 축대 아래 개울에서는 아주머니 서너 명이 모여 앉아 빨래를 하고 있었다. 아주머니들은 등 뒤에 빨랫감을 한 무더기씩 쌓아 두고 방망이질하며 재잘거렸다. 하하 호호 웃음소리가 축대 위까지 올라왔다.

우양이 자전거가 신당리 쪽으로 들어섰다. 들어서자마자 눈앞에 펼쳐진 광경에 우양이는 깜짝 놀랐다. 뒤쪽 산등성이엔 무덤이 줄줄이 있었고, 아래쪽에는 무덤과 다를 바 없는 토막집들이 즐비했다. 토막집은 막대기를 세워 놓고 그 위에 가마니 같은 거적때기를 덮어 놓은 것이었다. 주먹구구식으로 만든 집들은 툭 치기만 해도 뭐가 먼저랄 것도 없이 금방 무너질 것 같았다.

우양이는 자전거에서 내려 천천히 걸었다. 길이 좁고 질퍽해서 자전거를 타고 달릴 수 없었다. 그런데 이번에는 역한 냄새가 우양이 코를 찔렀다. 음식이 썩은 냄새인지 오물이 썩은 냄새인지 분간할 수 없는 냄새들이 섞여 진동했다. 우양이는 숨을 쉬고 멈추길 반복하며 냄새가 나는 한복판으로 들어갔다.

'여기서 창주를 어떻게 찾지?'

우양이는 무턱대고 나온 자신이 한심스럽게 여겨졌다.

이런 데서도 아이들은 놀고 있었다. 밤새 내린 비로 곳곳에 물웅덩이가 있었지만 남자아이들은 그늘에 앉아 네모난 돌로 금을 긋고 돌을 튕기는 땅따먹기를 하고 있었고, 그 옆에서는 여자아이들이 공기놀이를 하고 있었다. 얼굴은 흙투성이에 땟국물이 줄줄 흘렀지만 모두 밝고 순진해 보였다.

우양이가 조금 더 걸어 들어가자, 토막집들 사이 조그만 공터에 노인들이 모여 있었다. 노인들은 땡볕을 피하려고 처마 그늘 밑에 바짝 붙어 앉아 있었다. 망부석처럼 가만히 앞만 보고 있기도 하고 꾸벅꾸벅 졸기도 했다. 그 옆에는 머리가 긴 여자아이가 앉아 있었는데 기운이 없는지 입을 반쯤 벌린 채 앞만 보고 있었다. 꼭 산송장처럼 보였다. 창주가 왜 그리 설렁탕 가게를 좋아했는지 우양이는 이제야 알 것 같았다.

길바닥에서 놀고 있는 아이들에게 물어물어 창주네 집을

찾았다. 창주는 겨우 어린아이 키만 한 토막집에서 얼굴을 내밀었다. 우양이를 본 창주는 놀란 얼굴이었다.

"어떻게 왔어? 여기 찾기 쉽지 않은데 말이여."

창주는 거적때기를 젖히며 밖으로 나왔다. 더러운 거적때기로 입구를 가린 게 문이었다. 창주 뒤로 어린 여자아이가 따라 나왔다. 여자아이는 볼이 움푹 파여서 해골 같았다. 눈만 커다랬는데 눈동자에는 생기가 없었다.

여자아이는 창주 바지 자락을 잡고 우양이를 쳐다보았다. 우양이가 웃어 주자 여자아이는 창주 뒤로 얼굴을 감췄다.

"내 여동생이여. 창애야, 오빠 친구한테 인사혀."

창애는 여전히 바지 자락을 잡은 채 얼굴을 삐쭉 내밀고는 이를 보이며 웃었다.

"다른 동생들은 저쪽 공터에서 놀고 있어."

"어머니는 좀 어떠셔?"

"치료를 못해서 돌아가시는 줄 알았어. 다행히 도와준다는 사람이 있어서 내일이면 병원에 입원할 수 있을 것 같어."

"정말 잘 됐다. 그나저나 어떻게 된 거야?"

"총독부에서 여기를 다 밀어내고 문화주택*을 짓는다고

*일제 강점기에 서양주택의 공간 구조와 외관을 따라 지어졌던 주택.

우리보고 무조건 나가라는 거여. 저 끝에서부터 철거를 시작하는데, 사람들이 살든 말든 집부터 부수는 거여. 사람들 우는 소리에 괴로워 죽겠어. 엄마도 철거하는 인부들한테 덤비다가 넘어져 다쳤어."

"사람들이 살고 있는데 집을 부순다고?"

우양이는 믿기지가 않아 다시 물었다.

"철거하는 놈들 눈에 우리들은 사람이 아니여. 이 동네 집들처럼 더러운 똥으로 보일 뿐이여."

"그럼 다들 어디서 살아? 살 곳은 있어?"

"있으면 울겠어? 그냥 저 위에 공동묘지에서 자고 있어. 우리도 곧 그리로 가야 혀."

창주 얼굴에 걱정이 가득했다.

"이럴 때 아버지라도 있으면 좋겠어. 혼자서 다 감당하려니 앞이 캄캄혀."

창주는 창애를 무릎에 앉히고 하늘을 올려다보았다. 우양이는 창주를 쳐다보았다. 창주 눈에 눈물이 글썽거렸다. 우양이는 창주 어깨를 토닥거렸다.

"너무 걱정 말고 어머니나 잘 간호해 드려. 나도 아버지한테 말씀드려 방법을 찾아볼게."

우양이는 엉덩이를 털며 일어났다.

"참, 이거. 어머니께 드려. 동생들이랑 너도 먹고."

우양이는 설렁탕을 내밀었다.

"고마워. 네가 있으니 참 힘이 되고 위로가 된단 말이여."

우양이는 창주와 헤어졌다. 걸어 나오는데 망치 소리와 고함 소리가 크게 들렸다. 창주 말대로 인부들이 집을 부수고 있었다. 머리가 허연 노인이 인부들에게 고함을 쳤다.

"이놈들아, 우리가 오죽하면 이런 무덤 같은 곳에서 살겠느냐. 우리 사정 다 알면서도 집을 허물면 우린 어디로 간단 말이냐."

아주머니들과 어린아이들은 땅바닥에 주저앉아 무너진 집을 바라보며 울었다. 눈물과 때가 엉겨 얼굴은 검게 얼룩져 있었다.

그때 시보레 자동차가 부릉거리며 들어왔다. 자동차가 멈추자 차 안에서 하얀 중절모를 쓴 남자가 내렸다. 동규 아버지였다. 차 안에는 얼핏 동규도 보였다. 우양이는 놀라 몸을 움츠렸다. 동규 아버지가 나타나자 일하던 인부들이 우르르 다가와 허리 굽혀 인사했다. 그러자 동규 아버지가 껄껄 웃었다. 우양이는 자기도 모르게 주먹에 힘이 들어갔다.

해가 기울고 있었다. 우양이는 자전거 페달을 힘껏 밟았다. 빨리 달릴수록 가슴은 더 답답했다. 창애의 퀭한 눈동자가 아른거렸다. 우는 아이들의 얼굴도 떠올랐다. 동규 아버지의 웃는 얼굴도 생각났다.

왜 세상에는 밟는 사람과 밟히는 사람이 있을까? 사람들은 왜 사람을 함부로 대할까? 똑같은 사람인데도 왜 누군가는 웃을 때 다른 누군가는 울어야 할까? 같이 울고 같이 웃을 수는 없을까? 끝없는 질문들이 우양이 머릿속을 맴돌았지만 답을 찾아낼 수 없었다.

춘길이 형이 생각났다. 형은 다 같이 잘 사는 세상을 만들고 싶어 했다. 형이 왜 그랬는지 조금은 알 것 같았다. 춘길이 형이 보고 싶었다. 우양이는 설렁탕 가게로 들어가는 골목길을 그냥 지나쳐 형평사 건물을 향해 달렸다.

종로 거리는 어둑해지고 있었다. 하지만 다시 밤을 여는 사람들이 종로 거리로 쏟아져 나오고 있었다. 언제 왔는지 시보레 자동차가 휙 달려와 함바그 레스토랑 앞에서 끼익 멈췄다. 차 안에서 동규 아버지와 동규가 내렸다. 동규는 인상을 찌푸리며 서 있었다.

"늦었다. 빨리 들어가자."

동규 아버지가 동규 손목을 잡아끌고 레스토랑 안으로 들어가려고 했다. 동규는 손을 빼며 버티고 있었다. 우양이는 자전거를 멈추고 두 사람을 훔쳐보았다.

"이 녀석이 오늘따라 왜 이래?"

"싫다니까 왜 나만 자꾸 사과하래요? 레이카도 나한테 화냈다고요."

"이 녀석아, 지금 누구 잘잘못을 따질 때야? 그냥 사과하면 되는 거야."

"미안하다고 했다고요. 책도 사다 주면 되잖아요. 왜 매번 우리만 레이카한테 굽신거려야 하는데요?"

"그러니까 그런 말을 왜 레이카한테 해? 말을 안 했으면 레이카가 몰랐을 거 아냐!"

"그게 무슨 상관이에요. 아무튼 나는 안 들어가요."

"철없는 자식! 네 멋대로 할 거면 집에서 나가!"

동규 아버지가 윽박지르며 동규의 등짝을 갈겼다. 짝 소리와 동시에 동규는 울상이 되었다.

"에이 씨, 이제 아버지가 하란 대로 안 해요!"

동규가 저만치 달려갔다. 동규 아버지는 인상을 쓰더니 레스토랑으로 들어갔다. 동규의 모습에 우양이는 씁쓸했다.

11 아버지가 잡혀갔어

 교장 선생님의 말씀을 끝으로 여름방학이 시작되었다. 그날 이후 학교에서 동규를 볼 수 없었다. 며칠 전 교장 선생님과 만나고 있는 동규 아버지를 보기는 했지만, 그게 다였다.
 우양이는 조금 들떠 있었다. 성적도 잘 나왔고 오후에는 레이카도 만난다.
 어젯밤 레이카에게 전화가 왔다. 방학 동안 외할머니 댁에 가 있을 거라며 떠나기 전에 보자고 했다. 이번에는 우양이가 레이카네 동네인 진고개에 가기로 했다. 방학 동안 레이카를 못 본다는 게 아쉽긴 했지만 우양이는 편지라도 할 생각이었다.
 학교 교문을 나서자마자 우양이는 가게로 달려갔다. 아버지와 함께 창주에게 갔다가 레이카를 만나려면 시간이 빠듯했다. 어젯밤 창주 얘기를 들은 아버지는 오늘 같이 가 보자고 했다.

 골목 모퉁이를 돌자 동규 패거리들이 우양이를 기다리고 있었다.

 "내가 안 보이니 좋았지?"

 동규가 앞으로 다가왔다. 우양이는 동규가 다가올 때마다 뒷걸음질했다.

 "이제 아예 날 못 보게 해 줄게."

 동규 말이 끝나자마자 패거리들이 양쪽에서 우양이 팔을 잡았다.

 "이거 놔!"

 우양이는 팔을 빼려고 버둥거렸다. 하지만 그럴수록 동규 패거리들은 우양이 팔을 더 세게 움켜잡았다.

 "얌전히 따라와. 그래야 덜 다쳐."

 오른팔을 붙잡은 상기가 말했다.

 동규 패거리들은 우양이를 억세게 잡아끌고 학교 뒷산으로 향했다. 학교 뒷산은 언덕처럼 나지막했는데 사람이 다니지 않아 으슥했다. 산은 학교 소유였다. 학교 건물 뒤로 돌아가면 산으로 올라갈 수 있지만 다른 곳은 철망으로 둘러싸여 있었다.

동규가 길에 서서 누가 오는지 망을 보았다. 상기는 철망 아래로 먼저 들어가 철망을 잡아 올렸다. 그러자 개구멍이 생겼다. 패거리들은 우양이를 구멍 안으로 밀어 넣었다. 철망 안에서 상기가 기다렸다가 우양이 팔을 단단히 거머쥐었다.

"까불지 마. 그럼 더 크게 다쳐."

상기가 우양이 귀에 대고 나직하게 말했다. 뜨거운 입김이 귀에 닿자 우양이는 소름이 돋았다. 어쩔 수 없이 우양이는 패거리들이 하자는 대로 따랐다.

산은 아주 고요했다. 누구라도 만났으면! 우양이는 속으로 간절히 빌었다. 하지만 사람 그림자도 보이지 않았다. 조금 올라가자 작은 공터가 나왔다. 패거리들 가운데 한 명인 인수가 미리 공터를 지키고 있었다. 나무에 강아지가 묶여 있었다. 강아지는 아이들이 나타나자 낑낑대며 앞발을 들고 섰다. 패거리들은 우양이를 강아지 앞에 내던졌다.

"너희들 도대체 왜 그러는데?"

땅바닥에 쓰러진 우양이가 고개를 들고 소리쳤다.

"네가 까부는 통에 내가 몹시 힘들거든. 너도 같이 힘들어야 공평하지."

동규가 차갑게 말했다.

낑낑. 강아지 울음소리가 다시 들렸다. 강아지는 목줄에서 빠져나가려고 발버둥 치고 있었다. 하지만 그럴수록 목줄에 걸려 제자리에서만 빙빙 돌았다. 우양이는 강아지가 마치 자기 자신 같았다. 목줄을 풀어 주고 어서 도망가라고 말하고 싶었다. 동규는 그런 우양이를 보며 씩 웃었다.

"어때? 강아지를 보니까 입맛이 당기지?"

동규의 말에 패거리들이 낄낄거렸다.

상기가 작은 칼을 건네주자 동규는 그걸 받아 들었다. 그러더니 칼을 우양이 코앞에 들이댔다. 칼끝이 우양이 코를 살짝 찔렀다.

"이거 아주아주 잘 드는 칼이야. 마음에 들지? 이걸로 네 솜씨를 좀 보여 줘야겠어."

동규 목소리가 들떠 있었다. 우양이는 동규가 무슨 말을 하는지 알아들을 수가 없었다.

"이 새끼, 눈치가 없네. 이 칼로 개 잡아야지. 칼질이 너희 집 특기잖아!"

동규가 우양이 손에 칼을 쥐여 주며 소리 질렀다. 우양이는 칼을 땅에 떨어뜨리고 동규를 노려보았다. 그러자 동규가 악을 썼다.

"이 새끼야! 개, 잡, 으, 라, 고. 개! 잡! 아!"

퍽. 동규 발이 우양이 배로 날아왔다. 헉! 우양이는 숨이 막혀 비명도 지르지 못했다. 동규는 다시 우양이 손에 칼을 쥐어 주었다. 이번에는 칼을 떨어뜨리지 못하도록 우양이 손을 세게 움켜쥐었다.

낑낑. 킬킬킬. 낑낑. 킬킬킬.

강아지 울음소리와 아이들 웃음소리가 번갈아 귓가에 맴돌았다. 우양이는 몹시 어지러웠다. 동규 손아귀에서 손을 빼내야 한다는 생각만 들었다. 우양이가 손을 빼려고 힘을 줄수록 동규는 더 우악스럽게 우양이 손을 움켜쥐었다.

상기가 강아지를 우양이 코앞에 들이댔다. 낑낑낑낑. 강아지는 바들바들 떨고 있었다. 우양이는 얼굴을 돌렸다. 그러자 동규가 칼 쥔 손을 강아지를 향해 쑥 내밀었다. 으아아악! 우양이는 미친 듯이 소리를 지르며 손에 힘을 뺐다. 칼이 바닥으로 툭 떨어졌다.

'진짜 백정은 허튼 칼질 안 한다. 죽은 소에서 뼈를 발라낼 때도 꼭 필요한 칼질만 한다.'

아버지 말이 우양이 머릿속에 스쳐 지나갔다.

"백정이라고 아무나 죽이는 줄 알아? 소 잡는 게 무슨 죄 짓는 일이라고!"

우양이 가슴속에서 끓고 있던 울분이 화산처럼 폭발했다. 우양이는 소리를 지르며 동규 가슴에 머리를 세게 콱 박았다. 이제 동규와 끝을 보고 싶었다. 더 이상 이렇게 살 수는 없었다.

우양이가 죽을 기세로 달려들자 동규는 구석으로 몰렸다. 그러자 동규 패거리들이 우양이에게 달려들었다. 서로 엉켜 뒹굴었다. 하지만 우양이는 끝까지 버텼다.

"징그러운 놈이다. 얘들아, 오늘은 여기까지 하자."

동규가 지쳤는지 패거리들에게 말했다. 그러자 패거리들은 발길질을 멈췄다.

"너 또 까불면 다음엔 죽을 줄 알아. 얘들아 가자."

동규와 동규 패거리들이 사라지면서 웃음소리도 점점 작아졌다.

더 이상 아무 소리도 들리지 않았다. 우양이는 살았다는 생각만 들었다. 집에 가려고 일어서려다 다시 주저앉았다. 온몸이 욱신거리고 아팠다.

낑낑. 겁을 먹었는지 강아지가 울어 댔다. 우양이는 목줄을 풀고 강아지를 안았다. 정신이 반쯤 나간 채 걷고 또 걸어 가게 뒷마당으로 들어섰다.

가마솥에서 설렁탕을 푸고 있던 우양이 아버지는 우양이를 보자 국자를 떨어뜨렸다. 우양이 얼굴은 흙과 피와 눈물로 뒤범벅이었다.

"너 왜 이래? 무슨 일이야?"

우양이 양팔을 잡은 아버지 손이 부들부들 떨렸다.

"동규가, 동규가……."

우양이는 말을 잇지 못하고 그 자리에 털썩 주저앉았다. 우양이 아버지 얼굴이 하얗게 변했다. 아버지는 우양이를 이층으로 데려가 방에 눕히고, 젖은 수건으로 얼굴과 손발을 닦아 주었다. 그러고는 방을 나갔다. 우양이는 그대로 눈을 감았다.

동규가 이를 드러내며 웃고 있었다. 손으로는 우양이 목을 서서히 조여 왔다. 우양이는 숨이 막혔다. 캑캑, 동규 손을 잡아 빼려고 했지만 그럴수록 동규는 더 우양이 목을 조였다. 우양이는 빠져나오려고 발버둥 쳤다.

"우양아, 우양아!"

삼촌이 우양이를 흔들어 깨웠다. 우양이는 눈을 떴다. 삼촌 얼굴이 보이자 우양이는 마음이 놓였다. 꿈이었다.

"우양아, 큰일 났다. 아버지가 경찰서에 잡혀갔어."

우양이는 자리에서 벌떡 일어났다.

"아버지가 동규 아버지를 찾아가 엄청 난리를 쳤나 봐. 동규 아버지가 경찰에 신고했대."

"아버지가요?"

우양이는 무슨 일인지 알 수 없었다. 방금 전까지 집에 있던 아버지였다.

"경찰이 형평사 사람들까지 다 잡아갔어. 빨리 나랑 경찰서에 가 보자."

우양이는 삼촌과 종로 경찰서로 달렸다. 숨이 넘어가도록 달리고 또 달렸다.

12 아버지를 구해야 해

"죄 없으면 돌려보내니 모두 돌아가시오."

순사 아저씨는 냉정했다. 우양이는 순사 아저씨 목소리가 한겨울 시베리아 벌판에서 불어오는 바람보다 더 차갑게 느껴졌다.

경찰서 철문 앞에는 형평사 사람들의 가족들이 몰려와 있었다. 가족들은 형평사 사람들이 잡혀갔다는 사실이 맞는지 확인하고 싶어 했다. 하지만 굳게 닫힌 철문 앞에서 순사 아저씨는 어서 돌아가라는 말만 했다. 철문 앞에는 주저앉아 훌쩍대는 아주머니도 있었고, 포기하고 자리를 떠난 사람들도 있었다. 구석에 모여 무슨 일인지 이야기를 나누는 사람들도 있었다.

우양이는 철문을 꽉 잡고 있었다. 바람처럼 철창 사이로 날아들어 아버지 얼굴을 보고 싶었다. 아버지가 경찰서에 잡혀 있다는 사실도 믿기지 않았지만, 동규 아버지에게 가서 따졌다는 말은 더 믿을 수 없었다. 아버지는 섣불리 행동하지 않는 사람이었다. 우양이는 자기 때문이라는 생각만 들었다.

'내가 동규한테 덤비지만 않았어도…….'

파도처럼 후회가 밀려왔다.

"우양아, 가자. 여기 있어 봤자 소용없겠다."

삼촌이 우양이 손을 잡아끌었다. 삼촌은 친한 이케다 상에게 상황을 알아보겠다고 했다.

"삼촌, 꼭 저한테도 말해 줘야 해요."

삼촌은 걱정 말라며 우양이 등을 두드려 주었다. 삼촌과 헤어진 후 우양이는 천천히 걸어 가게로 돌아왔다. 우양이가 뒷마당에 들어서자 주방 아저씨가 기다렸다는 듯이 주방에서 나왔다.

"아버지는 어떻게 됐어? 경찰서에 있는 거 맞아?"

우양이는 고개를 가로저었다.

"뭐야? 있다는 거야 없다는 거야? 답답해 죽겠네."

주방 아저씨도 애가 타는 모양이었다. 평소 느긋하던 모습이 아니었다.

낑낑. 구석에서 강아지 소리가 났다.

"참, 쟤는 누구냐? 밥을 줘도 먹지도 않고."

주방 아저씨는 강아지를 가리키며 말했다. 아까 산에서 데려온 강아지였다. 우양이는 강아지를 안았다. 강아지는 우양이 품 안에서 바들바들 떨었다. 우양이는 강아지 입에 물을 대 주었다. 강아지는 혀를 내밀어 살짝 물을 핥았다. 우양이는 강아지가 물을 다 먹을 때까지 기다리다가 밥도 내밀었다. 그러자 강아지가 밥을 핥아 먹었다.

"우양아, 우리도 밥부터 먹자. 밥을 먹어야 아버지 구할 방법도 찾지."

주방 아저씨 말에 대답이라도 하듯 우양이 배에서 꼬르륵 소리가 났다. 그러고 보니 우양이도 종일 굶었다.

우양이는 식당 구석 자리에서 밥을 입에 넣었다. 밥을 먹고 싶다는 생각이 전혀 없었는데, 막상 밥이 들어가니 배 속에서 더 들어오라고 아우성쳤다.

"그래. 이럴 때일수록 밥 든든히 먹고 정신 바짝 차려야 해. ……참, 레이카인가? 그 여학생한테서 전화 왔었어. 오늘 만나기로 했다던데."
 아버지 일로 레이카와의 약속을 까맣게 잊고 있었다.
 "내일 아침에 일본으로 떠난다고 하더라."
 우양이는 말없이 밥만 꾸역꾸역 먹었다.

 삼촌은 밤늦게 가게로 돌아왔다. 주방 아저씨는 가게 문을 닫고 막걸리와 김치를 내왔다. 삼촌은 속이 타는지 막걸리부터 벌컥벌컥 들이켰다. 그러고는 막걸리를 그릇에 따라 또 마셨다. 우양이는 삼촌이 무슨 말이라도 하기를 기다렸다.
 삼촌은 이케다 상에게서 들은 얘기를 해 주었다. 우양이 아버지는 물론 형평사 사람들까지 잡아들이도록 힘을 쓴 사람은 동규 아버지였다. 동규 아버지는 창주 어머니를 병원에 입원시키는 걸 도와주는 대신, 창주에게 경성 설렁탕 가게 얘기며 야학, 춘길이 얘기까지 털어놓게 했다.
 "형평사에서 사회주의 한다는 소문이 돌아서 그동안 총독부에서 노렸나 봐. 결정적인 증거를 못 찾았었는데 창주 덕에 알게 된 거지 뭐. 동규 아버지가 형을 잡아넣은 김에 아예 형평사 사람들까지 잡아넣은 거고. 그래야 죄가 더 무거워지니까."

춘길이 형은 누구나 똑같이 잘 사는 세상을 만들고 싶어 했다. 하지만 총독부에서는 그런 생각을 가진 사람을 사회주의자라고 무조건 잡아들인다고 했다. 그건 일본이 싫어하는 생각이었다.

"창주 녀석이 어떻게 그럴 수 있냐. 은혜를 원수로 갚아도 유분수지."

주방 아저씨도 속이 타는지 막걸리를 꿀꺽꿀꺽 마셨다.

"동규 아버지 속셈도 모르고 말한 거겠죠. 동규 아버지가 이번 일을 도와주는 조건으로 총독부한테 신당리 땅을 거의 헐값에 넘겨받았나 봐요. 땅 절반이 동규 아버지 차지래요. 정말 나쁜 놈이라니까요."

"민족 팔아서 자기 배만 불리는 몹쓸 놈 같으니라고."

"이렇게 될 줄 알았으면 형님은 그놈 다리몽둥이라도 부러뜨리지. 그러면 속이라도 시원할 거 아니에요."

삼촌이 아쉬운 듯 말했다.

우양이는 모든 일이 레이카 아버지가 꾸민 일이라는 게 충격이었다. 레이카 아버지는 조선인 단체에 꼬투리를 잡아 없애 버리는 일을 하고 있었다. 우양이가 본 레이카 아버지 키요시 상은 교양 있고 친절한 사람이었다. 그런데 삼촌이 말하는 키요시 상은 달랐다. 마치 양의 탈을 쓴 늑대의 모습처럼 말이다.

'그럼 레이카도 아버지랑 짜고 가게에 들락거렸나? 설렁탕이 맛있다면서 잘해 준 게 다 거짓이었나?'

우양이는 몹시 혼란스러웠다. 이름 모를 배신감이 자꾸 우양이를 짓눌렀다.

우양이는 이제 자기가 살고 있는 세상이 어떤 모습인지 확연히 눈에 보였다. 조선은 일본에게 짓밟히고 있었다. 우양이는 일본이 지배하는 세상에서 나고 자랐고, 그게 이상하지 않았다. 우양이만 그런 게 아니었다. 이십 년이 넘는 세월을 일본에게 지배당하면서 조선 사람들도 점점 일본에 길들여져 가고 있었다. 주변에서는 일본에 대항하려면 조선 민족끼리 힘을 합쳐야 한다고 말했지만, 우양이에게 조선 민족은 손톱 밑에 박힌 가시처럼 느껴졌다. 같이 살아가지만 늘 서로를 찌르기만 하는.

주방 아저씨가 집으로 돌아가고, 우양이와 삼촌은 이층으로 올라왔다. 우양이가 방으로 들어가려 할 때였다. 삼촌이 우양이를 불렀다.

"우양아, 아버지를 구할 길이 있기는 한데."

삼촌은 무언가를 생각하는 얼굴이었다.

"어떻게 하면 된대요? 빨리 말해 주세요."

"근데…… 돈이 엄청 많이 필요해. 그 돈을 마련하려면 가게를 팔아야 할지도 몰라."

"그럼 가게를 팔아서라도 얼른 아버지를 구해요."

"나도 그러고 싶다만 가게를 파는 문제는 아버지가 결정할 일이야."

우양이도 생각에 잠겼다.

"아마…… 아버지는 가게 파는 거 싫어할 거예요."

우양이는 아버지가 소처럼 살고 싶다고 한 말이, 칼 쓰는 얘기를 하며 자부심 가득했던 얼굴이 떠올랐다. 아버지와 가게는 떼어 놓을 수 없었다.

"삼촌, 그러면 아버지 못 구해요?"

"……걱정 마라. 삼촌이 돈 빌릴 수 있는 방법을 알아볼게. 은행에서 가게를 담보로 빌릴 수도 있고, 아는 사람들에게도 부탁해 봐야지."

우양이와 삼촌은 각자 방으로 들어갔다. 잠을 자려고 누웠지만 우양이는 잠이 오지 않았다. 앞이 안 보이는 짙은 안개 속을 걷고 있는 기분이었다. 겨우 안개가 걷혔다고 생각하면 어느새 다시 안개가 가득했다. 안개를 뚫고 아버지를 구하러 가야 하는데, 안개에 묻혀 아무것도 할 수 없었다. 그저 아무나 붙잡고 울고 싶었다. 제발 좀 도와달라고.

13 소처럼 살고 싶어

　우양이와 삼촌은 아버지를 감옥에서 구하지 못했다. 은행에서 가게를 담보로 빌릴 수 있는 돈은 아주 적었다. 삼촌이 아는 사람에게 돈을 빌린다 해도 아버지를 구하기에는 턱없이 부족했다.

　우양이와 삼촌은 아버지를 찾아갔다. 잡혀 있는 형평사 사람들은 모두 면회 금지였지만, 이케다 상이 아는 사람에게 부탁해서 겨우겨우 아버지를 만날 수 있었다. 아주 잠깐이었지만 말이다.

　철창 안에 있는 아버지는 엄청 핼쑥했다. 덥수룩한 수염이 얼굴을 다 뒤덮고 있었다. 우양이와 삼촌 그리고 아버지는 철창을 사이에 두고 앉았다.

"우양이 잘 지내고 있지? 가게도 괜찮고?"

아버지는 애써 웃음 지으며 말했다. 우양이는 목이 메어 대답할 수 없었다. 그냥 아버지를 바라만 보았다. 아버지는 우양이 눈빛을 읽으려는 듯했다. 우양이는 대답 대신 철창 사이로 손을 넣어 아버지 손을 잡았다. 손은 거칠었지만 따뜻했다.

"아버지는 괜찮으니까 걱정 마라. 아버지 여기 있다고 괜히 방황하면 안 된다."

"죄송해요. 저 때문에……."

말을 하는 순간 우양이는 참았던 눈물이 울컥 올라왔다. 아버지는 우양이 손을 토닥거리더니 삼촌을 보았다.

"필두야, 부탁이 있다. 나 꺼내겠다고 괜히 애쓰지 마라. 형평사 식구들이 여기 있는데 나만 밖에 나가면 뭐 하겠니? 대신 가게를 좀 맡아다오. 재판하고 판결까지 나오려면 일 년이 넘게 걸릴 수도 있다는구나."

"뭐라고요? 그렇게 오래……."

"총독부에서 트집 잡으면 더 오래 걸릴 수도 있다."

아버지는 의외로 담담했다.

"아버지, 가게는 제가 맡을게요. 주방 아저씨도 있으니 걱정 마세요."

"우리 우양이가 다 컸구나. 고맙다."

면회 시간이 끝났다. 밖에는 비가 오고 있었다. 장마가 아직 끝나지 않았다.

다음 날부터 우양이는 가게 일을 열심히 했다. 가게를 잘 지키는 게 아버지한테 미안한 마음을 더는 길인 것 같았다. 삼촌도 가게 일을 하겠다고 선언했다. 그러더니 도살장 일이며 가게 청소, 배달 같은 궂은일을 척척 해냈다. 주방 아저씨는 그런 삼촌을 보며 계속 딴사람 같다고 말했다. 우양이도 그런 삼촌이 영 낯설었다.

손님이 다 가고 가게 문을 닫을 시간이었다. 주방 아저씨가 막걸리와 팔다 남은 머리고기를 가지고 나왔다.

"간단히 먹고 헤어집시다."

세 사람은 탁자에 둘러앉았다.

"우양아, 너는 학교도 가야 하니 가게 일 그만하고 공부에 전념해라. 이제 가게는 삼촌하고 내가 알아서 할 테니."

그리고 보니 곧 개학이었다.

"가게 일 하는 게 좋아요. 당분간 지금처럼 할게요."

주방 아저씨가 삼촌에게 잔을 내밀었다.

"한 잔 받아."

"저, 형님 나올 때까지 술 안 마시려고요. 대신 제가 따라 드릴게요."

삼촌은 주방 아저씨에게 막걸리를 따라 주었다.

"요즘 자네 딴사람 같아. 사람이 변해도 이렇게 변할 수 있나."

삼촌은 주방 아저씨 말에 그냥 웃기만 했다.

"이렇게 잘할 수 있으면서 그동안은 왜 그리 술에 절어 살았어?"

"사실 사연이 좀 있었죠."

삼촌은 쓸쓸히 웃었다. 우양이도 궁금해졌다.

"사연? 애인한테 배신이라도 당했나?"

"그런 거면 차라리 좋게요. ……제가 일본에서 공부하고 왔잖아요. 그때는 유학만 다녀오면 세상 내 뜻대로 살 수 있다 생각했어요. 어리석었죠. 형님도 그렇게 생각했어요. 백정이 유학이라니, 얼마나 좋았겠어요. 그래서 총독부에 취직하려고 지원서를 냈죠. 총독부에 취직하면 이제 나도 사람답게 산다, 기대하며 발표만 기다렸어요. 그런데 탈락했더라고요."

"왜? 경쟁자가 많았나?"

"아니요. 알고 보니 호적에 '도한'이라고 적혀 있어서 그랬대요."

도한은 '가축 잡는 사람'이라는 뜻이다. 실력이고 인품이고 상관없이 조선에서는 도한이라는 글자가 있으면 취직이 안 됐다.

"세상이 원망스러웠어요. 천한 출신은 배워도 천하다는 생각만 들었죠. 그래서 내가 할 일은 술 먹고 노는 일밖에 없다고 생각한 거예요."

우양이는 삼촌이 가여웠다. 그동안 아버지가 왜 삼촌을 내버려 뒀는지 이해가 갔다.

"쯧쯧, 마음고생 많이 했겠네. 나는 그것도 모르고 자네를 볼 때마다 내 동생이면 버르장머리를 고쳐 놓을 거라 생각했지. 그럼 아직도 '도한'이라고 호적에 적혀 있어?"

"아니요. 얼마 전에 없어졌어요. 다 형평사에서 노력한 덕분이죠."

삼촌이 빙그레 웃으며 말했다.

"이제 생각해 보면 취직이 안 된 게 잘된 일이에요. 총독부에 들어갔으면 일본 놈들 나쁜 일하는 데 앞장서서 시키는 대로만 했을 테니까요. 못된 짓인지도 모르고요."

"맞아. 나라님도 우리 같은 천한 것들도 한 세상 사는 건 마찬가진데, 이왕이면 좋은 일하며 살아야지."

주방 아저씨는 막걸리를 꿀꺽꿀꺽 마셨다.

"제가 어리석었어요. 내 상처만 생각하고 그 속에 갇혀서

주변을 둘러보지 못했으니. 형님이 이렇게 되고 보니 참 부끄럽더라고요. 형님이라고 상처가 없었겠어요. 그래도 형님은 묵묵히 자기 일을 하면서 잘못된 것을 바꾸려 했잖아요. 형하고 나는 상처를 바라보는 게 달랐더라고요."

삼촌 말이 화살처럼 우양이 가슴에 팍 꽂혔다. '상처에 갇혀서 주변을 둘러보지 못했다.' 우양이는 그 얘기가 자기 얘기 같다는 생각이 들었다.

"춘길이 녀석한테도 배운 게 많아요. 글쎄 춘길이가 다른 사람은 잘못 없다면서 자기가 다른 사람 고문까지 받겠다고 그랬대요. 그러더니 그 심한 고문을 다 참아 냈다 그러더라고요."

춘길이 형 얘기에 우양이는 가슴이 메었다.

가을바람이 제법 선선했다. 바람을 타고 창주 소식이 우양이 귀에 날아왔다.

"창주가 아버지랑 연락이 돼서 온 가족이 다 만주에 간다더구나. 어떤 때 생각하면 괘씸하다가도 또 어떤 때는 가엾기도 하고 그렇다."

삼촌 말에 주방 아저씨가 거들었다.

"나 창주를 골목에서 몇 번 본 것 같아. 내가 돌아보면 저 멀리 도망가는데 꼭 창주 같더라고."

"나라 뺏긴 우리 잘못이지. 창주가 무슨 잘못이 있겠니."

삼촌은 혀를 끌끌 차며 말했다.

"다행이에요. 가족이 다 같이 살게 돼서."

우양이는 창주를 미워하지 않기로 했다. 아버지를 감옥에서 빼내고 싶었을 때, 우양이는 창주가 생각났다. 창주도 엄마를 낫게 해 주고 싶은 마음이 우양이처럼 간절했을 거다.

"우양아, 배달 가야겠다."

우양이는 배달 목판을 들고 종로 거리로 나섰다. 자전거로 거리를 달리는데 동규와 상기가 보였다. 우양이는 멈칫했다가 다시 달렸다. 동규와 상기는 어깨가 축 처져 걷고 있었다. 평소와 다른 두 아이의 모습이 이상했지만 우양이는 그냥 지나쳤다. 이제 만날 일도 없을 거고 혹 만난다 하더라도 동규가 겁나지 않았다. 더 이상 동규와 싸워 이기는 게 의미가 없었다.

여름방학이 끝나자마자 우양이는 학교를 그만두었다. 아버지 때문도 아니고 동규 때문은 더더욱 아니었다. 정말 하고 싶은 일이 생겼기 때문이다.

우양이가 하고 싶은 일은 고기 요리사가 되는 것이다. 서양 사람들은 고기 요리를 즐겨 먹지만 조선에서는 아직 아니다. 우양이는 설렁탕처럼 싸고 영양가 있는 고기 요리를 만들고 싶었다.

우양이는 설렁탕을 먹는 사람들을 보며 깨달았다. 음식은 단순히 배를 채우기 위한 것만이 아니었다. 음식은 사람에게 힘을 주기도 하고, 아픈 마음을 달래 주기도 한다. 또 감사의 마음을 표현하기도 하고, 닫힌 마음을 열어 사람과 사람을 이어 주기도 한다.

아버지가 다시 설렁탕 가게를 맡게 되면, 우양이는 전국 방방곡곡을 돌아다닐 생각이다. 전국 각지에서 나는 다양한 음식 재료를 고기랑 버무려서 새로운 음식을 만드는 게 우양이 꿈이다. 재료에 따라 음식 이름도 다르게 지을 거다. 우양이는 자신이 만든 음식을 사람들이 행복하게 먹는 것을 보고 싶었다. 가난하든 부자든, 여자든 남자든, 지위가 높고 낮든, 누구든지.

춘길이 형이 그랬다. 잘못된 세상을 바꾸기 위해 힘쓰는 조선 사람들이 많다고. 어떤 사람들은 총칼을 들고 일본과 직접 싸우기도 하고, 또 어떤 사람들은 조선의 정신을 잃지 않도록 교육에 힘을 쏟기도 하고 글을 쓰기도 한다고. 자기 자리에서 할 수 있는 일을 하며 노력하다 보면, 언젠가 우리가 바라는 세상이 올 거라고 했다. 노력하는 사람이 많으면 많을수록 바라던 세상은 더 빨리 온다고 했다. 우양이도 이제 그 대열에 서고 싶었다.

설렁탕을 다 끓이면 솥 바닥에는 앙상한 소뼈만 남아 있다. 그 뼈들은 처음 도살장에서 왔을 때와는 아주 다르다. 크고 단단하지 않다. 구멍도 송송 나 있고 조약돌처럼 크기도 작아진다. 뼈가 국물에 녹아들어 간 것이다. 우양이는 남은 뼈들을 솥에서 건질 때면, 아버지가 말한 소처럼 살고 싶다는 게 무엇인지 알 것 같았다.

음식은 사람 몸속에 들어가면 눈에 보이지 않는다. 하지만 몸 안에서 으깨지고 부서지며 에너지를 만든다. 우양이도 음식처럼 사람들 뒤에서 보이지 않는 힘이 되고 싶었다.

"설렁탕 배달 왔어요!"

우양이는 포목점 앞에 도착하자마자 크게 외쳤다. 우양이는 예전과 달리 아주 크고 당당하게 배달 왔다고 외친다. 이제는 단순히 음식만 배달하는 게 아니라 지쳐 있는 조선 사람들에게 힘을 줄 수 있는 따뜻한 마음도 같이 배달하고 싶기 때문이다. 포목점 주인아주머니는 설렁탕을 받으며 활짝 웃었다.

돌아오는 길에 우양이는 작은 골목으로 들어섰다. 저번에 레이카와 갔던 교회당이 보였다. 우양이는 교회당 앞에서 자전거를 멈췄다. 레이카 생각이 났다. 얼마 전까지 교회 담벼락을 가득 채웠던 빨간 장미꽃은 가을바람에 모두 사라져 버렸다. 마치 레이카가 우양이 앞에서 사라져 버린 것처럼. 꽃이 사라진 담벼락은 쓸쓸해 보였다.

우양이가 가게로 돌아오자 삼촌이 분주하게 움직였다.
"야학 아이들 밥 먹으러 올 시간 다 됐지?"
"아, 맞아요. 저도 같이 준비할게요."
우양이는 춘길이 형이 없는 동안 야학 아이들을 돌보기로 했다. 그래서 아이들에게 토요일 저녁마다 설렁탕을 먹으러 가게에 오라고 했다.
"우양이 만나러 왔으면 들어가지, 왜 여기 있어."
가게 문밖에서 주방 아저씨 목소리가 들렸다. 주방 아저씨에게 떠밀려 동규와 상기가 쭈뼛쭈뼛 식당으로 들어왔다. 우양이는 긴장된 눈빛으로 동규와 상기를 쳐다보았다. 두 녀석이 무슨 일을 저지를지 모르는 일이었다. 둘은 다른 때와 달리 머뭇거렸다.
"무슨 일이야? 할 말 없으면 돌아가. 나 장사해야 해."
답답해진 우양이가 먼저 말했다. 그러자 동규가 손에 쥐고 있던 책을 상기에게 주면서 턱으로 우양이를 가리켰다. 상기가 얼굴을 찌푸리며 책을 받았다. 불쑥 동규가 말했다.

"이거 레이카가 저번에 너 주라고 했는데, 네가 학교에 안 나와서……."

"필요 없어."

동규가 다시 상기에게 눈짓을 했다. 상기가 우양이 앞 탁자에 책을 놓았다.

"아무튼 나는 책 줬다."

그때 삼촌이 김이 무럭무럭 나는 설렁탕을 들고 식당으로 들어왔다. 동규는 삼촌을 힐끗 보더니 뒤를 돌아 식당을 나갔다. 상기도 뒤따라 나갔다. 삼촌이 상기와 동규를 붙잡았다.

"여기까지 왔는데 설렁탕 한 그릇은 먹고 가야지. 요즘 우양이가 설렁탕을 얼마나 잘 만드는데. 친구가 만든 설렁탕 한 그릇 먹어 봐라."

삼촌 말에 상기가 머뭇거렸다. 우양이는 상기가 학교에서 설렁탕을 맛있게 먹던 모습이 기억났다.

"먹고 가. 너 설렁탕 잘 먹잖아."

삼촌 손에 이끌려 상기가 먼저 탁자에 앉았다. 삼촌은 동규도 잡아끌어 의자에 앉혔다.

"네가 그렇게 우리 우양이를 괴롭히던 동규냐? 이제 우리 우양이 없어서 시원하겠다."

삼촌 말에 동규가 웃음을 참는 눈치였다.

"너 예뻐서 주는 거 아니다. 미운 놈이라 떡 하나 더 주는 거다. 많이 먹어라. 우리끼리는 싸우지 말자. 생각해 보면 가여운 민족 아니냐."

우양이는 삼촌이 자기 마음을 대신 말하는 것 같아 픽 웃음이 나왔다.

"이것도 같이 먹어."

우양이는 머리고기도 내놓았다. 상기가 머리고기를 한 점 먹더니 빙그레 웃었다. 그러고는 설렁탕을 먹기 시작했다. 동규도 상기를 힐끔 보더니 숟가락을 들었다.

미닫이문으로 손님이 들어오자 우양이는 다시 설렁탕을 날랐다. 우양이는 지나가며 동규를 슬쩍 보았다. 동규는 천천히 설렁탕을 먹고 있었다. 그 모습을 보자 우양이는 이상하게 마음이 가벼웠다.

"우리 갈게. 잘 먹었다."

어느새 설렁탕 한 그릇을 다 비웠는지 상기가 말했다. 우양이는 고개를 끄덕였다. 동규는 우양이 얼굴을 보지도 않

고 가게 밖으로 나갔다. 상기도 뒤따라 나갔다. 그러더니 잠시 뒤에 다시 가게로 들어왔다.

"동규가 좀 보재. 밖으로 나와 봐."

우양이가 골목으로 나가자 동규가 말했다.

"나 아버지랑 싸워서 이제 아버지가 하라는 대로 안 해. 그러니까 너도 학교 오고 싶으면 와. 나 이제 너 신경 안 쓸 거야."

뜻밖의 말이었다. 우양이는 가만히 있었다. 동규가 상기에게 가자고 눈짓을 했다. 우양이도 등을 돌려 가게로 들어가려는 순간이었다.

"오늘 설렁탕 맛있었다."

동규가 우양이 등 뒤에서 외쳤다. 우양이 얼굴에 슬며시 웃음이 번졌다.

잠시 뒤에 야학 아이들이 가게로 들어왔다.

"어서들 와라."

우양이와 삼촌은 아이들을 반겨 맞았다.

사람들의 속을 따뜻하게 데워 준
그 시절 배달 음식, 설렁탕

'배달 음식' 하면 무엇이 떠오르나요? 손쉽게 시켜 먹을 수 있는 자장면, 치킨, 피자 같은 음식들이겠지요. 약 백 년 전, 경성 사람들한테 똑같은 질문을 한다면 단연 설렁탕을 꼽을 것입니다. 배달이 흔하지 않던 그 시절, 설렁탕은 경성에서 가장 인기 많은 배달 음식이었습니다.

일본은 조선을 강제로 점령하면서 쌀을 비롯한 중요한 자원들을 빼앗아 갑니다. 소도 그중 하나였지요. 고기소를 많이 키워 살코기만 가져갔기 때문에 뼈, 내장 등 나머지 부위는 고스란히 남게 되었습니다. 백정들은 이를 허투루 버리지 않고, 오랜 시간 푹 고아 만든 설렁탕을 팔게 됩니다.

설렁탕은 값싸고 맛 좋고 영양가가 풍부할 뿐 아니라 오늘날 패스트푸드처럼 주문하자마자 손님상에 나갔습니다. 이런 이유로 각종 신문과 잡지에 실릴 만큼 그 명성이 알려지게 됩니다.

백정에 대한 멸시가 여전했던 그 당시, 설렁탕은 하층민들의 음식으로 여겨졌습니다. 하지만 뽀얀 국물에 파를 듬뿍 넣고 깍두기까지 곁들인 설렁탕의 구수한 맛은 양반들과 일본인들까지 사로잡았습니다. 그들은 체면 때문에 직접 오지 않고 배달을 시켜 먹는 경우가 많았습니다. 신문물을 빠르게 받아들이던 모던 보이, 모던 걸들도 밥을 차려 먹지 않고 손쉽게 설렁탕을 배달 시켜 먹었지요.

냉면도 설렁탕과 함께 경성을 주름잡은 배달 음식이었습니다. 창주, 우양이 같은 설렁탕 배달부들과 냉면 배달부들이 한 손으로는 자전거 핸들을, 한 손으로는 그릇이 잔뜩 쌓인 목판을 들고 가는 모습은 경성 거리에서 흔히 볼 수 있는 풍경이었지요.

사람답게 살고 싶었던
백정들의 간절한 소망, 형평사

1894년, 고종 임금은 갑오개혁을 통해 신분제 폐지를 선언합니다. 하지만 오랫동안 뿌리내렸던 신분제가 하루아침에 사람들 마음속에서 사라진 것은 아니었습니다. 일본이 우리나라를 점령한 뒤에도, 백정은 여전히 양반뿐 아니라 평민에게도 사람대접을 받지 못했습니다. 법적으로는 평등하게 보였지만, 호적에는 백정임을 나타내는 붉은 점이나 '도한'이라는 글자가 새겨져 꼬리표처럼 따라붙었지요.

하느님 아래 모든 인간은 평등하다는 교회에서도 사람들은 백정들과 한자리에서 예배 보기를 거부했으며, 심지어는 백정을 때려 죽여도 처벌받지 않는 사건도 일어났습니다. 우양이네가 겪은 것처럼 백정들은 고기를 팔아 부를 쌓아도 자식들을 학교에 제대로 보낼 수도 없었습니다. 실제로 경남 진주에 살던 부유한 백정 이학찬은 아들을 학교에 입학시키려 했지만 수차례 거절당하는 수모를 겪었습니다.

이런 차별과 불평등이 계속되자 분개한 백정들과 일본의 식민 통치 아래 조선 민족끼리 차별하는 것은 어리석은 일이라 주장한 지식인들이 힘을 합쳐, 1923년 진주에서 '형평사'를 세웁니다. '형평'이라는 이름에는 저울처럼 평등한 사회를 이루고자 하는 백정들의 소망이 담겨 있었지요. 형평사는 계급을 타파하고 백정에 대한 모욕적인 칭호를 폐지하며, 교육을 장려하여 백정도 참다운 인간으로 인정받자는 '형평 운동'을 시작하게 됩니다. 이에 수많은 백정들이 동조하여 전국 각지에 형평 지부가 세워졌습니다. 또한 형평사는 사회주의 단체들과도 연대하는 움직임을 보이며 일본에게 눈엣가시처럼 여겨지기도 했습니다.

형평사의 노력으로 1930년대 초, 붉은 점과 도한은 호적에서 없어졌고, 점점 백정에 대한 차별도 사라져 갔습니다. 오늘날 형평 운동은 차별을 넘어서 평등을 외친 우리나라 최초의 인권 운동이라 평가받고 있습니다.

다양한 모습이 녹아들어 있던
1930, 경성

경성은 1910년 일본이 우리나라를 강제로 점령한 후, 자신들의 편의에 맞게 행정 구역을 바꾸면서 서울을 고쳐 부르던 이름입니다.

우양이가 살던 북촌의 종로

청계천의 북쪽에 위치해 북촌이라 불렸던 종로는 궁궐, 관아 등이 모여 있어 예로부터 지체 높은 양반들이 사는 곳이었습니다. 하지만 일제 강점기*에 들어서 과거의 위상은 빛을 잃고 맙니다. 일본은 일본인들이 모여 살던 남촌을 중심으로 개발을 시작했고 그에 따라 일본인들의 상권도 커졌습니다. 반면, 조선인들이 살던 북촌은 근대적 시설이 갖춰지지 않은

* 우리나라가 1910년 일본에게 주권을 빼앗긴 이후 1945년 해방될 때까지 35년 동안 식민 통치를 당했던 시기.

채 근근이 명맥을 이어 가는 수준에 그쳤지요. 식민지 지배층인 일본인과 피지배층인 조선인에 대한 차별이 그대로 투영된 것입니다.

1920년대 들어서 일본이 남촌을 넘어 종로까지 세력을 확대하려는 움직임을 보이자, 조선인들 사이에 불안감이 커졌습니다. 이에 도시형 한옥 주택을 지어 일반 조선인들의 주거지를 지키고자 하는 움직임이 일어났고, 일본인 상권에 맞서 조선인이 경영하는 동아백화점, 화신백화점이 들어서면서 종로는 차츰 근대적인 모습을 갖추어 가기 시작했습니다.

레이카가 살던 남촌의 진고개

청계천의 남쪽에 위치한 남촌은 조선 시대에는 가난하고 힘없는 양반들이 사는 초라한 동네였습니다. 하지만 1800년대 후반 개항 이후, 일본 공사관이 있던 남산 아래 진고개(지금의 명동, 충무로 일대)에 일본인들이 자리 잡고, 일제 강점기에 들어서 일본인들의 수가 늘자 대표적인 일본인 거주지로 자리매김하게 됩니다. 이때부터 중심 거리라는 뜻의 일본어 '혼마치'로 불리며, 경성에서 제일가는 번화가로 이름을 떨칩니다.

 일본은 가로등과 도로 등 근대적 시설을 갖추고, 동양척식주식회사, 조선은행, 경성우편국 등 식민 통치에 필요한 기관들을 세우기 시작했습니다. 또한 우리나라 최초의 백화점인 미쓰코시를 비롯한 백화점, 카페, 레스토랑, 극장, 양과자점 등 신문물을 즐길 수 있는 고급 상점들이 우후죽순 생겨납니다. 일본인뿐 아니라 조선인들 또한 이곳에서 파는 물건들을 선망하며 구입하기 일쑤였고, 모던 걸과 모던 보이들이 재즈를 들으며 커피를 마시거나 휘황찬란한 밤거리를 쏘다니는 것은 흔히 볼 수 있는 모습이었다고 합니다.

창주가 살던 신당리 토막촌

 당시 경성에는 창주네 가족처럼 높은 소작료를 견디지 못하고 고향을 떠나 상경한 소작민이 몰려들고 있었습니다. 높은 집값 때문에 그들은 경성 변두리나 청계천 일대에 움막 같은 집을 대충 지어 놓고 살았는데, 이를 '토막'이라고 불렀습니다. 하지만 주택을 개발한다는 이유로 토막민들이 강제로 쫓겨나는 일이 비일비재했고, 신당리 토막촌 역시 문화주택을 짓는다는 이유로 철거되고 맙니다. 일본은 깡패들을 동원해 토막민들이 일을 가거나 잠자는 때를 틈타 집을 부수었고, 토막민들은 하루아침에 길거리 신세가 되고 말았습니다.